PARA CUSTODIAR EL FUEGO

LUIGI MARIA EPICOCO

PARA CUSTODIAR EL FUEGO

Hoja de ruta para después del Apocalipsis

EDICIONES RIALP
MADRID

Título original: *Per custodire il fuoco.*

© 2023 *by* Giulio Einaudi editiore s.p.a., Torino
© 2025 de la versión española realizada por José María Sánchez Galera
by EDICIONES RIALP, S.A.
Manuel Uribe 13-15, 28033, Madrid
(www.rialp.com)

Preimpresión: www.produccioneditorial.com

ISBN (edición impresa): 978-84-321-6969-4
ISBN (edición digital): 978-84-321-6970-0
ISBN (edición bajo demanda): 978-84-321-6971-7
ISNI: 0000 0001 0725 313X
Depósito legal: M-1011-2025

Impreso en España   *Printed in Spain*
Anzos, S. L. - Fuenlabrada (Madrid)

A Leda

ÍNDICE

PRÓLOGO

«He venido a prender fuego a la tierra, ¡y cuánto quisiera que estuviese ya ardiendo!» (Lc 12:49)

En el imaginario colectivo, cuando pensamos en el infierno, nos lo imaginamos como un lugar abrasador donde impera el fuego. Sin embargo, el fuego es la expresión suprema de la vida, no de la muerte. Si tuviésemos que hallar una imagen más coherente con lo que supone el infierno, diríamos más bien que es un lugar donde *falta* el fuego, donde todo es frío, y no hay nada de calor, ninguna pasión.

La vida humana, cuando pierde su fuego, está destinada a volverse tan fría como la muerte.

Nuestra época parece que ha perdido su fuego.

Nos hemos vuelto mejores en muchos aspectos, pero en lo más hondo de nosotros mismos hay algo a lo que le cuesta brillar. Hay demasiado frío en el corazón del hombre. Es el frío de una soledad que, como una mancha de aceite que se va extendiendo, parece afectar a muchos hombres y mujeres en Occidente. Sepultados por el consumismo, estamos abastecidos de muchos bienes materiales, pero ya no sabemos en dónde adquirir los bienes espirituales. Y al emplear ahora la palabra «espiritual», no nos estamos refiriendo a algún subproducto de uso analgésico para nuestras heridas psicológicas, sino a algo que actúa como aceite para la llama de la pasión por la vida, que debe ser el auténtico motor del mundo.

Si antes bastaba con pararnos, aunque apenas fuese un momento, para recuperar el aliento, ahora nos damos cuenta de que, como humanidad, llevamos mucho tiempo parados y no encontramos nada de oxígeno vital. Nuestras reflexiones tienden a mantenernos enmarañados en una serie de razonamientos que parecen girar en círculos sin ir nunca a ninguna parte.

Cuando todo deja de tener sentido, la única perspectiva que nos queda consiste en hallar algo que nos distraiga de esta ausencia de significado. Vivimos vidas enjauladas en el eterno entretenimiento, y resulta difícil estar en desacuerdo con una sociedad que parece que hoy está organizada únicamente para crear necesidades de consumo y para vender.

Pero ¿y si todo esto terminara de repente? ¿Y si el mundo entero tal como lo conocemos se derrumbara dejando solo escombros y ruinas? ¿Qué sería de nosotros? ¿Qué camino nos correspondería tomar? Cormac McCarthy (1933-2023), uno de los más grandes escritores estadounidenses contemporáneos, planteó una hipótesis similar, obligándonos a seguir una trama que, más que ser de carácter descriptivo, conduce a un cambio completo de la mirada. Se trata de la novela *La carretera* (*The Road*, 2006).

Antes que nada, hemos de tener en cuenta que hay una literatura que nace para entretener y, por otra parte, hay una literatura que se crea para introducirnos en el corazón más profundo de la realidad, ahí donde las cosas encuentran su fundamento, su salvaguarda más recóndita.

La primera manera de hacer literatura concluye cuando se termina de contar la historia.

La segunda manera cuenta historias que no somos capaces de quitarnos de la cabeza, porque nos conduce al auténtico abismo de la realidad, de una forma tan sorprendente e indeleble que ya no podemos seguir siendo las mismas personas de antes. Esta segunda manera de hacer literatura es precisamente la que caracteriza la obra de Cormac McCarthy.

La escritura de McCarthy es como una lluvia torrencial, repleta de descripciones y capaz de recrear, a la vez que la historia, incluso las impresiones más profundas que surgen justamente del sinfín de sensaciones que él sabe suscitar, logrando desenterrar el misterio de las cosas. Sin cursilerías ni palabras que no vienen al caso, su escritura es perfecta como la belleza de un tupido bosque. En él, estética y significado se entrelazan de tal manera que se podría decir que, incluso en los horrores que relata, subyace una misteriosa belleza del mundo. Una belleza dramática, cruda, a veces cruenta, pero que al mismo tiempo se te queda dentro como una nueva forma de ver las cosas.

Muchos han intentado trasladarnos una reflexión sobre nuestra contemporaneidad, pero el camino que ofrece McCarthy no procede de la especulación o, al menos, cada una de sus reflexiones viene siempre indisolublemente ligada a un personaje, a una tierra, a un cielo, a una situación que, en apariencia, puede antojarse distante de cualquier filosofía abstracta. En cambio, precisamente porque se pone en boca de un hombre concreto, esa reflexión parece más convincente y, por tanto, más auténtica. Da la impresión de que todos los personajes de McCarthy son profetas.

En *La carretera*, la trama da bastante la impresión de que se ambienta en un tiempo indescifrable, en un mundo que no conseguimos ubicar sino como el residuo postapocalíptico de un acontecimiento del cual nada sabemos. Narra la historia de un padre y un hijo que emprenden un viaje de tintes sombríos. No se nos dice nada acerca de la meta que persiguen o de por qué debería merecer la pena alcanzar esa meta. Viajan a través de un mundo en ruinas, hecho de escombros y cenizas. Van al sur, en dirección hacia el océano, donde quizá aún se esconda alguna esperanza más allá de ese mundo postapocalíptico, destruido probablemente por el propio hombre o por cualquier catástrofe planetaria. El autor no nos dice nada acerca de por qué ese mundo es ahora así. Quizá ni siquiera sea lo más relevante. Ahora parece demasiado tarde para cambiar el curso de los acontecimientos. Los dos protagonistas llevan consigo apenas unas pocas cosas que han ido recogiendo dentro de un carro de supermercado, y buscan con desesperación comida, al igual que las bandas de salteadores de las que intentan defenderse. La suya es una emigración forzada, donde un instinto de supervivencia se opone a todas las circunstancias adversas.

Todo parece acabado, sin futuro; entonces, ¿qué sentido tiene sobrevivir?

¿Por qué ir al sur? ¿Para encontrar qué? Parece la obsesión de Van Gogh por el sol del Sur —esa obsesión que late de manera inexorable en sus últimos cuadros—.

Cormac McCarthy está hablando de la condición humana, no del futuro del mundo. Lo que se describe en el espacio circundante no es más que el síntoma del mundo interior de esta humanidad nuestra. La suya no es una historia que se desarrolla mediante *extensión*, sino una historia que se desarrolla mediante *introspección*.

Todo lo que se cuenta a lo largo de las páginas de esta novela resulta excesivo. La historia es extrema. Las elecciones de los protagonistas son extremas. Los personajes son paradójicos. Cormac McCarthy parece haber entrevisto que, para decir algo verdadero, siempre hace falta llevarlo al límite. En la vida real rara vez vivimos acontecimientos extremos, pero en la interioridad de cada cual las cosas siempre necesitan llevarse al extremo, es decir, llevarse a su raíz más profunda, a su fundamento más auténtico. En este sentido, la trama de esta novela es auténtica, no porque sea verosímil, sino porque busca con toda su alma la verdad de la vida.

Lo que estas páginas —las de nuestro libro— pretenden no es más que seguir el hilo de McCarthy, para poder decir una palabra nueva, una palabra de resurrección para nuestro tiempo. Porque, detrás de la espesa oscuridad de la novela de McCarthy, en realidad se esconde una luz impredecible. Un fuego. Sin embargo, hay que dejarse encender, dejarse iluminar, dejarse calentar.

¿No podría ser cierto, como ha dicho alguien, que vivimos en una época de pasiones tristes? Decíamos que se está volviendo escasa la pasión misma que antaño animaba la vida humana.

¿No nos hallamos todos un poco confusos y desorientados? Tenemos mil preguntas sin ningún deseo de buscar de veras una respuesta.

¿No percibimos todos la necesidad de algo que pueda volver a caldear la vida? En la religión del individualismo uno se muere congelado debido a la soledad.

El problema no es si «Dios» existe, sino que, más bien, es un nombre del Sentido. El problema quizá estriba en buscarlo en los lugares equivocados, que son los lugares acostumbrados. ¿Y si Dios estuviese precisamente aquí? ¿Tendríamos ojos para percatarnos? Si Dios fuese tan herético que no habitara los cielos, sino la tierra, ¿podríamos tal vez impedírselo? Y si decidiera esconder el cielo en la tierra, o traer la tierra al cielo, ¿seríamos capaces de reconocer tal paradoja? Y si todo el Sentido que estábamos buscando hubiese estado siempre delante de nuestros ojos, ¿quién podría decírnoslo? McCarthy es como un profeta que, en concreto, *profetiza* sobre la ceguera del mundo. Procuraremos partir de esta mirada enferma para acostumbrarnos a la luz y, tal vez, recobrar la vista, ver de una manera nueva.

«Le dice Felipe: "¡Señor, muéstranos al Padre, y con eso nos basta!". Le dice Jesús: "¿Tanto tiempo llevo con vosotros, y aún no me has llegado a conocer, Felipe? ¡Quien me ha estado viendo a mí, ya ha visto al Padre!"» (Jn 14:8-9).

1.
NO HAY NINGÚN DIOS Y NOSOTROS SOMOS SUS PROFETAS

PUEDE PARECER EXTRAÑO comenzar nuestra reflexión a las bravas, con una afirmación que tiene el sabor de lo irreversible: «No hay Dios y nosotros somos sus profetas»[1]. Pero vaciar por completo el cielo de la presencia de Dios es lo que se ha venido haciendo de manera sistemática durante los dos últimos siglos.

Esta especie de vacío metafísico nos ha condenado inexorablemente a experimentar la precariedad, la inestabilidad, y a sentirnos incompletos. Dios, como decíamos antes, es, por el contrario, un nombre del Sentido.

---

[1] *La carretera*, 127. La edición española de *La carretera* está publicada en Mondadori (Barcelona, 2007) con traducción de Luis Murillo Fort y sucesivas reimpresiones (Penguin Random House Mondadori). Aunque no seguimos su traducción, sino que nos atenemos al texto original inglés, señalamos la referencia de cada cita de la novela de Cormac McCarthy mediante la página de esa edición, a fin de orientar mejor al lector (*N. del T.*).

En un momento de la novela de McCarthy, el padre, protagonista de la historia, intenta exorcizar la ausencia total de palabras significativas. De hecho, mientras tengamos palabras que arrojen luz sobre nuestra vivencia, estamos, en un cierto sentido, a salvo. Pero, cuando faltan las palabras o se las vacía de significado, ¿qué sucede?

Trató de pensar en algo que decir, pero no le vino nada a la cabeza. Ya había percibido antes esa sensación, algo que iba más allá del entumecimiento y la sorda desesperación. El mundo se estaba quedando reducido a un mero tuétano de entidades que podían inspeccionarse por partes. Los nombres de las cosas y aquellas mismas cosas estaban cayendo lentamente hacia el olvido. Los colores. Los nombres de los pájaros. Cosas que comer. Y, al final, los nombres de cuanto uno creía que era verdad. Más frágil de lo que hubiera pensado. ¿Cuánto de todo esto ya había desaparecido? El lenguaje sagrado estaba desprovisto de sus referentes y, por tanto, de su realidad. Encorvado sobre sí mismo como algo que intenta mantener el calor. A tiempo de cerrar los ojos para siempre[2].

---

[2] *La carretera*, 69-70.

La imposibilidad de conseguir poner un nombre a la experiencia nos condena a sufrir aquello que vivimos. En el relato bíblico del Génesis, siempre resulta muy impactante la decisión de Dios de hacer partícipe a Adán del acontecimiento de la Creación dando precisamente nombre a las cosas:

> Y, además, formó Dios a partir de la tierra todas las fieras silvestres y todas las aves del cielo y las trajo delante del hombre para ver cómo las llamaría; pues, así como Adán [el hombre] llamara a cada ser viviente, ese sería su nombre. Y puso Adán nombre a todas las bestias, a todas las aves del cielo y a todas las fieras silvestres[3].

La vida humana es así, cuando sabe dar un nombre a las cosas, cuando logra distinguirlas del caos, cuando logra vincularlas a un significado.

Llorar es muy poca cosa: necesitamos poder dar un nombre a nuestro llanto, un nombre que revele sus motivos, su raíz. Enamorarse es muy poca cosa: necesitamos darle un nombre al amor, necesitamos poder tener claro dónde se encuentra ese suceso que nos ha cambiado la vida.

---

[3] Gen 2:19-20.

«Dar nombre» consiste en unir las cosas a un significado. La incapacidad de dar nombre a la realidad supone la incapacidad de vincularla a un significado. Y justo por este motivo nos damos cada vez más cuenta de que nuestro hablar constituye un trueque de informaciones, pero ya no es la capacidad de dar sentido a la vivencia.

El drama radica en el hecho de que no atinar a poner nombre a la realidad nos provoca rabia, como le ocurre a un niño pequeño que, incapaz de lograr explicarse, se pone a llorar y gritar. Nosotros, que somos adultos, hemos transformado esta imposibilidad en una rabia que, con demasiada frecuencia, se convierte en violencia. Allí donde ya no se sabe cómo llamar a las cosas por su nombre, la violencia ocupa una posición de dominio. Es la violencia de un pueblo contra otro pueblo, pero también es violencia doméstica, que se nutre de la ausencia de palabras y de la proliferación del resentimiento. Quizá resulte paradójico, pero aprender a hablar de nuevo y a sopesar las palabras puede desmontar muchas crisis contemporáneas.

Sin embargo, cada palabra es como una nota musical que, para brillar con toda su belleza, requiere de silencio y armonía. El silencio no es vacío, sino escucha. ¡Con que solo fuésemos capaces de caer en la cuenta de cuán salvífica puede ser una palabra que se pronuncia en el momento idóneo, o un silencio en el momento preciso! ¡Con que solo fuésemos capaces de darnos cuenta de cuánto hieren a muerte algunas palabras y cómo algunos silencios pesan como peñascos! Muchos de nosotros nos pasamos la vida entera tratando de desintoxicarnos de palabras equivocadas y rellenando silencios culpables. Los niños son especialmente sensibles a la música de las palabras. Conocen su peso porque se pasan mucho tiempo intentando pronunciarlas de manera correcta. Y porque las palabras —sobre todo, las palabras que dirigimos a los niños y con las que solemos llamarlos— dejan en ellos una huella indeleble que los acompañarán durante el resto de sus vidas.

Necesitamos notar la densidad de palabras que puedan liberarnos y decirnos la verdad sin convertirla nunca en un juicio. Necesitamos saber que se nos escucha, porque el silencio únicamente es lícito cuando significa escucha y no indiferencia. Las primeras armas que deberíamos deponer son las propias palabras. Toda paz se construye a base de buscar las palabras adecuadas. Pero basta con frecuentar los espacios públicos de la cultura, de la política, de la información, para caer en la cuenta de cómo se recurre a la forma primera de violencia exactamente ahí donde debería buscarse una forma de pacificación. Incluso la religión puede recurrir a la violencia de las palabras. Vivimos un momento histórico en el que hay que volver a tomar conciencia de lo que decimos y —siguiendo un consejo de Alda Merini— prestar mucha atención a las palabras que no hay que decir.

Anhelamos con todas nuestras fuerzas algo estable en que fiarnos y cimentar nuestra vida, pero, cuanto más nos obstinamos en este deseo, más experimentamos la sensación de que no sabemos nadar y que, conforme más nos agitamos, más agua estamos tragando. De modo que entonces surge un nihilismo devastador, que, en vez de luchar, parece rendirse a la idea misma de la muerte. Vivimos en una sociedad que teme a la muerte y, al mismo tiempo, le da caricias. Preferimos cultivar un cielo vacío, en lugar de creer en el destello de alguna luz que diga que, en el fondo, la realidad no es lo que parece. El problema no consiste en defender a Dios, sino en defender la vida misma. Si el cielo está vacío, también la vida está vacía. En la novela de McCarthy, el encuentro con un anciano desconcierta al padre y a su hijo, que son los protagonistas. El encuentro es desconcertante, porque toda la trama está urdida a partir de la soledad de los dos personajes principales. Están solos porque a los demás humanos supervivientes los perciben como enemigos de los que hay que defenderse. Cuando se dan cuenta de que hay un anciano en la calle, indefenso y asustado, traban una conversación que resalta un aspecto oscuro de la vejez. En concreto, si normalmente, en el sentido común, la vejez se asocia con la sabiduría, McCarthy pone en boca de este hombre una total resignación y un completo cinismo. El encuentro con el chaval parece como una luminosa antorcha que cae en un pozo tenebroso. Pero, al cabo de un parco diálogo, el viejo regresa a su derrotismo y lo defiende contra todo y contra todos:

Cuando he visto a ese niño, he pensado que me había muerto.

¿Pensabas que era un ángel?

No sabía lo que era. Pensaba que jamás volvería a ver a un niño. No me imaginaba que podría suceder.

¿Y si le dijera que él es un dios?

El anciano sacudió la cabeza. Ya he dejado esas cosas atrás. Hace muchos años. Donde los hombres no consiguen vivir, a los dioses no les va mejor. Ya lo verás. Es mejor estar solo. Así que espero que lo que acabas de decir no sea cierto, porque toparse en la carretera con el último de los dioses sería algo terrible, de modo que espero que eso no sea verdad. Las cosas irán a mejor cuando ya no quede nadie.

¿Eso es lo que pasará?

Seguro.

¿Mejor para quién?

Para todos.

Para todos.

Seguro. Todos estaremos mejor. Respiraremos más tranquilos.

Es bueno saberlo.

Sí que lo es. Cuando todos nos hayamos mar-
chado, entonces aquí no quedará nadie, menos
la muerte, y sus días también estarán contados.
Vagará por las calles sin nada que hacer y tam-
poco sin nadie a quien hacérselo. Dirá: ¿Adónde
se han ido todos? Y así es como será. ¿Qué hay
de malo en eso?[4].

La resignación que abre las puertas a la muerte
de las cosas es la verdadera vejez. La juventud
consiste en resistir lo más posible a la seducción
de la muerte que, con su presencia, pretende
vaciar de significado todo cuanto existe y nos
deleita. Desde luego que, si morimos, ¿qué sentido tendría tomarnos las cosas en serio? ¿Qué
sentido tendría amar? ¿Qué sentido tendría tomar decisiones? Nuestra sociedad tiene miedo a
envejecer; pero no es la decadencia del cuerpo
lo que debiera preocuparnos, sino que la resignación dentro de nosotros se agudice. Se puede
ser viejo, aunque nuestro carné de identidad
diga que somos jóvenes, y se puede seguir siendo joven, aunque nuestro carné de identidad
diga que somos viejos. La verdadera pregunta atañe a nuestras expectativas, no a nuestro

---

[4] *La carretera*, 128-129.

cuerpo. Si ya no nos queda nada que esperar, ¿en qué consiste el presente? ¿Alisar las arrugas es una ilusión o una solución? Este es uno de los muchos dilemas de nuestra contemporaneidad.

Hemos trasladado al *cuerpo* una cuestión que concierne al *alma*. De hecho, es dentro de nosotros donde se construyen nuestras expectativas. Luchamos contra la muerte borrando el paso del tiempo en nuestro cuerpo, pero casi nunca nos preguntamos qué ha dejado el tiempo dentro de nosotros. No se trata de moralizar la cuestión estética, sino de recuperar la profundidad en aquello que no cabe ceñirse únicamente a la superficie de nuestro cuerpo. El cinismo y el desencanto que se van sedimentando en nuestro interior son la auténtica vejez a la que debemos temer. Cuidarse a uno mismo discurre por una línea muy fina que no pocas veces puede convertirse en un encarnizamiento contra uno mismo. Porque todo bien sabe manifestar su reverberación benéfica cuando acompaña sin trastornar. Algunas elecciones respecto a nuestro cuerpo son una clara señal de la pesadumbre que padecemos al convivir con la idea de la muerte. En cambio, no hay ninguna otra manera de afrontar la muerte sino vivir, contraponiéndole una vida candente, no un simple cuerpo.

Intentaremos tomar prestados de Cormac McCarthy los tonos sombríos de su narración. Necesitamos, como nadie más que él sabe, sumergirnos en la oscura tinta de la condición del hombre contemporáneo. Una oscuridad que, como el carbón, mancha las manos, y también los razonamientos. Solo cruzando los densos tintes del pesimismo radical del que McCarthy se hace portador, podremos seguir también la senda misteriosa que abre, casi sin enterarnos, en la oscuridad, y que conduce a una luz que ya no encontramos más allá de los cielos, sino que se esconde precisamente en el fondo de la oscuridad. Muchos hombres y mujeres a lo largo de la historia han tenido en algún momento la experiencia de darse cuenta de que todo aquello que estaban buscando, y que podía parecerles muy lejano, estaba, en realidad, tan cerca que necesitaban toda una vida para poder ser conscientes de ello. Aquello que andaban buscando no se hallaba fuera, sino dentro de sí mismos. En este sentido, el camino más difícil consiste en regresar dentro de uno mismo, seguir el sendero de la interioridad como el único gran camino que puede conducirnos hacia «cielos nuevos». Lo que es importante subrayar es que el sendero de la interioridad no es un camino confesional. La interioridad es nuestro rasgo como seres humanos, no como creyentes. La fe hace de la interioridad un camino que conduce a algo, o más bien a Alguien. Pero lo característico de la vida humana consiste en saber atesorar el mundo interior que le pertenece.

Sin embargo, el verdadero problema estriba en el hecho de que nuestro mundo interior no es un jardín, sino un peligroso desierto. Quien sabe permanecer en este desierto manteniéndose vivo dispone también de las oportunidades para vivir su propia vida con alegría. Quien, por el contrario, no sabe habitar su propio mundo interior pasa la vida sintiéndose siempre equivocado y fuera de lugar. Incluso Jesús, antes de comenzar su vida pública, debe superar la prueba de cuarenta días en el desierto. El evangelista Marcos omite por completo los diálogos de Jesús con el Tentador, pero nos traslada en dos versículos qué significa saber estar dentro de uno mismo: «E inmediatamente el Espíritu lo empujó al desierto, y permaneció en el desierto cuarenta días mientras era tentado por Satanás; y estaba junto con las fieras, y los ángeles le servían»[5]. Bestias y ángeles, este es el contenido de nuestra interioridad. Hay que estar en paz con los unos y con los otros. Hace falta dejar que la tentación nos eduque. De hecho, «ser tentado» significa hallarse en disposición de tener que decidir, elegir, ganar o perder. Quien no ha tenido que enfrentarse consigo mismo no podrá acometer ninguna hazaña. «¡Tarde te he amado, belleza tan antigua y tan nueva, tarde te he amado! Y es que tú estabas dentro de mí y yo fuera. Ahí te buscaba yo»[6].

Somos seres enfermos de Sentido. Nuestra vida no es vida hasta que se aferra a un significado. Para un ser humano, resulta insoportable la condición de la mera supervivencia. En este sentido, nos pasamos la mayor parte de nuestra vida buscando un significado a cuanto nos sucede. Esta búsqueda, consciente o inconsciente, caracteriza la mayor parte de nuestras vidas.

---

[5] Mc 1:12-13.
[6] San Agustín, *Confesiones* 10.27.

Al principio, buscamos este significado fuera de nosotros mismos. Como narra de forma admirable Agustín en sus *Confesiones*, el primer lugar donde buscamos lo que pueda satisfacer nuestro deseo de Sentido es el mundo que nos rodea. Sin embargo, a medida que transcurre el tiempo, nos vamos percatando de que el mundo en el que habíamos cifrado la mayor parte de nuestras esperanzas no contiene ningún significado lo suficientemente sólido como para ser capaz de salvar nuestras vidas. No me refiero, sin más, al mundo en tanto que Creación, sino al mundo como circunstancias, cosas que nos suceden, personas que conocemos, acontecimientos que vamos viviendo. Este mundo exterior a nosotros no contiene ningún significado que de verdad pueda salvar nuestra existencia. Dios no es un ídolo como habíamos esperado que fuese. De hecho, el principal objetivo del ídolo consiste en tranquilizarnos. En cambio, el derrumbe de cada idolatría nos condena a un ateísmo práctico. Sin embargo, es justo en ese momento cuando nos hallamos en disposición de poder abrirnos a un encuentro que no cabía imaginarse a partir de nuestros miedos, de nuestras expectativas, del acuciante deseo de sentirnos tranquilizados.

Si el Dios tranquilizador de los ídolos no existe, eso no quiere decir que no exista un Dios verdadero. Y quizá la característica de este Dios verdadero sea precisamente lo opuesto a tranquilizarnos. Él nos deja inquietos, nos somete a discusión, emborrona nuestras certezas, destruye nuestros castillos de naipes. Él es un Dios del cual no podemos formarnos ninguna imagen. Y nosotros, que somos seres que vivimos imaginando, sentimos que nos falta la tierra bajo los pies precisamente cuando nos quedamos privados de imágenes. Sin embargo, esta necesaria ceguera nos lleva a ver las cosas en una verdad más profunda, en una perspectiva más amplia que cualquier fantasía. La realidad es siempre mayor que cualquier imaginación. Por eso no debemos tener miedo de lamentar que se desvanezca aquello que imaginamos, sino que, por el contrario, tenemos que dejarnos llevar a adquirir una perspectiva más sagaz, que nos introduzca en el misterio de lo real. Asimismo, cuando nos percatamos de la inconsistencia de las cosas tal como nos las habíamos imaginado, una sorda desesperación empieza a hacerse un hueco dentro de nosotros.

Al principio, no se hace sentir como una toma de conciencia, sino como una latente infelicidad que comienza a corroernos desde dentro la mayor parte de nuestros días. Tenemos la sensación de vivir en un presente aplanado, sin ningún futuro, sin ninguna promesa, sin ninguna esperanza.

> Sin lista de tareas pendientes. El día providencial para sí mismo. La hora. No hay un después. El después es esto. Todas las cosas repletas de gracia y belleza que uno guarda en su corazón tienen una procedencia común en el dolor. Su nacimiento en la pena y las cenizas. En fin, susurró al niño dormido. Yo te tengo a ti[7].

Lo que puede parecer la parte honda de todo desencanto es, en realidad, una brújula capaz de conducirnos muy lejos. Deberíamos dejar de medicalizar nuestras crisis y dejar que nos pongan en camino. El verdadero problema en la vida no consiste en restablecernos ante el dolor que sentimos: el auténtico problema consiste

---

[7] *La carretera*, 45.

en ser felices. Y muy a menudo la felicidad se halla detrás de las cosas que nos han herido, nos han hecho daño, nos han llevado a una crisis, nos han carcomido hasta los huesos.

Junto con esta nueva impresión del mundo, también puede crecer una especie de sentimiento de culpa: ¿cómo es posible ser infelices cuando, en apariencia, nuestra vida contiene todos los ingredientes para hacernos felices? ¿Cómo es posible que esa familia que habíamos construido, en vez de ser la carne y la sangre de nuestra felicidad, de repente se nos antoje como el obstáculo para ser felices? ¿Cómo puede suceder —en especial, a aquellos que han invertido muchas energías en labrarse una carrera— que nos demos cuenta súbitamente de que toda esa inversión de energías y esa ansia de afirmación no han cimentado ninguna alegría, sino que, sin más, han prolongado la sensación de vacío que ahora parece que nos está devorando por dentro? Mientras consigamos encontrar culpables para nuestra infelicidad, nunca nos tomaremos en serio lo que todo esto nos está dando a entender. El problema no está en ser infelices, sino en comprender qué es lo que nos está diciendo nuestra infelicidad.

Muy a menudo la infelicidad nos señala también un camino de redención, que nunca es lo contrario de una circunstancia específica, sino el descubrimiento de una manera de estar en el mundo que antes nos resultaba desconocida. Por ejemplo, del amor teníamos una idea romántica. Pero el amor no es amor hacia un otro idealizado, es amor hacia un otro en su cruda realidad. Es amor incluso hacia lo que no nos aporta una correspondencia inmediata. Es amor hacia la singularidad de la cual el otro es portador.

Sobre todo cuando se ama, siempre se tiene por delante una tierra prometida que nunca se consigue explorar hasta lo más profundo. Y el amor continúa siendo amor, precisamente gracias a esta imposibilidad de poder poseer por completo al otro, y por la humilde aceptación del hecho de que nadie podrá jamás decir de veras que conoce hasta lo más hondo a aquel a quien ama. Entonces, he aquí que el amor que a veces me hace infeliz no es más que mi resistencia a dejar un hueco para un amor que solo se aprende mediante la experiencia. Amar en realidad es algo distinto de amar dentro de nuestra cabeza. Y, cuando se ama en realidad, resulta que el amor que hay en nuestra cabeza está condenado a morir. Pero no nos gusta desprendernos de lo que hay en nuestra imaginación, y por eso todo se vuelve oscuro, frío, inhabitable.

De las ensoñaciones diurnas que tenía a lo largo del camino no había manera de despertarse. Siguió caminando pesadamente. Era capaz de recordar cualquier cosa de ella, salvo su aroma. Sentado en un teatro con ella a su lado e inclinándose adelante para escuchar mejor la música. Dorados arabescos y candelabros de pared y los esbeltos pliegues de los cortinajes como columnatas a ambos lados del escenario. Ella le tenía cogida la mano en el regazo y él podía notar el dobladillo de sus medias bajo la fina tela de su vestido de verano. Detén este fotograma. Y ahora impreca tu oscuridad y tu frío y maldícete[8].

Lo que casi nunca tomamos en consideración es el hecho de que, para poder entrar de veras en la realidad, nos hace falta pasar el duelo de nuestra imaginación. Cuando lo que habíamos planeado acerca de la realidad se desvanece,

---

[8] *La carretera*, 20.

solo entonces la realidad puede emerger. Pero este paso nunca es indoloro. Los escombros de nuestras esperanzas trituradas, de nuestras expectativas frustradas, parecen cubrir la belleza del mundo tal como es. Es ese momento de la vida en el que nos ponemos a pensar que nos hemos adentrado, de manera realista, en la existencia simplemente porque nos hallamos frente a los cascotes de nuestros sueños rotos. Pero lo cierto es que hay que escarbar bajo esos escombros para encontrar algo. Hasta entonces, el mundo se nos presentará como un lugar inhabitable, pero desconfiemos de esta sensación.

La tierra estaba quebrada, erosionada, y era yerma. Huesos de criaturas muertas desparramados por las charcas. Vertederos de basura anónima. Casas de labor despintadas en medio de los campos y tablones desgastados y cayéndose de sus paredes. Todo ello sin sombra ni contorno. La carretera descendía a través de una jungla de enredaderas marchitas. Una ciénaga donde los juncos muertos yacían sobre el agua. Más allá de la linde de los campos, la hosca bruma se cernía sobre la tierra y el cielo por igual. Al final de la tarde, había empezado a nevar y ellos prosiguieron con la lona sobre sus cabezas, y la nieve húmeda silbaba en el plástico[9].

Entonces todo se vuelve gris. El sol se oscurece. Ya no hay calor alguno que pueda caldearnos. El frío se convierte en la circunstancia de nuestro corazón. Este es el momento decisivo en la vida de cada hombre y de cada mujer, porque, ante esta experiencia de desesperación, cada ser humano está llamado a tomar posición, a elegir, a poner en juego la propia libertad. De hecho, la libertad es lo que podemos manejar en medio de nuestra desesperación. Es ilusorio pensar que la libertad no es más que la capacidad de elegir cosas externas a nosotros. La verdadera libertad consiste en decidir qué hacer con nuestra vida, cuando empezamos a sentir la desesperación que nace del hecho de que no hemos logrado encontrar un sentido lo bastante grande como para hacerla habitable, hacerla de verdad humana, hacerla profundamente buena. Hasta que no lleguemos al fondo de esta desesperación, no conoceremos ni siquiera el vértigo más elevado de nuestra libertad. Esta es

---

[9] *La carretera*, 132-133.

la experiencia que tienen incluso los grandes místicos, hombres y mujeres que viven una profunda vida espiritual.

De forma errónea, cabría pensar que esta es la condición del materialismo. Cuando vives tu vida circunscribiéndote únicamente a asuntos materiales, el resultado podría ser una enorme desesperación. En realidad, la esencia más profunda de esta manera de percibir la vida no atañe al materialismo, sino a la espiritualidad más auténtica y profunda. El materialismo es una forma de domesticar la desesperación. Por supuesto, no se consigue en ningún caso, pero, no obstante, continúa impasible en su plan de desviar nuestra atención de la desesperación.

En la vida espiritual cae la máscara de esta ilusión y la realidad aparece en su verdad más candente.

Pero incluso en la vivencia religiosa puede ocurrir una desviación. Demasiado a menudo concebimos la religión como un modo de no toparnos con nuestra desesperación. Al contrario, la verdadera fe, y en consecuencia una auténtica religiosidad, coincide con nuestra capacidad de tomarnos en serio la desesperación que hay en lo más hondo de nuestra vida. Solo de esta manera, cuando nos percibimos desnudos frente a la desnudez de la vida, podremos comprender a fondo si esta vida vale la pena o no, si los días que nos vienen contados conducen a alguna parte, si aquello que durante mucho tiempo hemos labrado en nuestros sueños era simplemente una ilusión o, más bien, el rastro de algo que nos estaba conduciendo hacia la felicidad. En la práctica, llega un momento en la vida en el que ya nada nos resulta de ayuda y, en cierto modo, nos vemos arrojados a un mundo interior donde imperan la oscuridad y el frío.

Cuando se despertó en los bosques, en mitad de la oscuridad y del frío de la noche, había extendido la mano para tocar al chaval que dormía a su lado. Noches más oscuras que la oscuridad y días cada vez más grises que el día anterior. Como el comienzo de un frío glaucoma que empañase el mundo. Su mano subía y bajaba apenas con cada preciosa respiración. Se quitó de encima la lona de plástico, y se levantó envuelto en esas ropas y mantas apestosas, y miró hacia el Este en busca de alguna luz, pero no había ninguna[10].

---

[10] *La carretera*, 9.

Entonces la realidad adquiere la inconsistencia de una luz que no puede prenderse de ninguna manera.

> En un cajón encontró una vela. No había manera de encenderla. Se la metió en el bolsillo. Caminó afuera hacia la luz gris, se quedó allí y observó durante un breve instante la absoluta verdad del mundo. El frío y despiadado movimiento en círculos de la tierra intestada. La implacable oscuridad. Los perros del sol en su carrera a ciegas. El aplastante y negro vacío del universo. Y en algún lugar dos animales acorralados temblaban como zorras en su cubil. Tiempo prestado, mundo prestado, y ojos prestados con que lamentarlo[11].

Por eso es importante recalcar que la desesperación no es otra cosa que la muerte de nuestra imaginación. Durante mucho tiempo identificamos la esperanza con lo que nos imaginamos que debería ser la esperanza, pero cuando la vida desmiente nuestras expectativas, entonces esa imágenes e ilusiones de la esperanza se hacen añicos y nos lanzamos a la desesperación.

---

[11] *La carretera*, 99-100.

Sin embargo, la buena noticia consiste en que el sentimiento de desesperación, tal como la hemos descrito, es más bien el inicio del nacimiento de una verdadera esperanza que esta vez ya no hunde sus raíces en nuestras ilusiones, sino en la realidad. Es una esperanza que no conocemos, que no nos podemos imaginar, pero que percibimos que existe, simplemente porque sentimos una atracción ciega hacia ella.

¿Por qué el ser humano debería tener la necesidad de un Sentido, si no hay un sentido?

¿Puede haber una necesidad sin correspondencia con la realidad? ¿No sería contradictorio pretender sentir una necesidad que no se corresponde con nada? No obstante, gran parte de la filosofía y la cultura que hubo a lo largo del siglo XX se han empeñado —basándose en la nada— en vaciar la vida de consistencia. En realidad, lo que denominamos «nada» no es otra cosa que la inanidad de nuestra imaginación ante la realidad. Lo que recibe el nombre de «desilusión» no es una mala noticia, sino el primer paso hacia el nacimiento de un realismo henchido de significado. La realidad no consiste en el fin de nuestras ilusiones, en lo que queda de ellas cuando las circunstancias las destruyen:

la realidad es lo que se esconde bajo los pedazos rotos de nuestras ilusiones. En definitiva, la realidad no resulta evidente, hay que descubrirla, desenterrarla, hallarla como se encuentra un tesoro enterrado en un campo.

Hay un pasaje del Evangelio donde se cuenta la experiencia de este tipo de desesperación que busca la redención. No es casualidad que, cuando el texto bíblico debe transmitir el vértigo de la desesperación más absoluta, hable del dolor de un padre ante la pérdida de un hijo.

De todas las experiencias que puede vivir un ser humano, la de la muerte de un niño sigue siendo quizá la más dramática, probablemente porque también sea la más antinatural que pueda ocurrir. Sobrevivir a un hijo es un dolor que nunca puede resolverse, solo aceptarse.

El evangelista Marcos cuenta la historia de Jairo, jefe de la sinagoga. Pone en boca de este hombre una plegaria penetrante, que no pide lo superfluo de la vida, sino lo necesario, lo esencial: «Mi hijita está en las últimas. ¡Ven, impón tus manos sobre ella, para que se salve y viva!»[12]. La situación es desesperada, pero parece que

---

[12] Mc 5:23.

todavía hay margen para que cambie, para un final revolucionario. Sin embargo, basta con avanzar un poco más en la lectura de este pasaje del Evangelio para darse cuenta de que el contratiempo que supone otro milagro —otra mujer desesperada que busca a Jesús para que la cure de una enfermedad que la mantiene aprisionada desde hace doce años— provoca que la situación de la hija de Jairo se vuelva irreversible: «Mientras él estaba aún hablando, vinieron de casa del jefe de la sinagoga para decirle: 'Tu hija ha muerto: ¿por qué sigues molestando al Maestro?'»[13]. Es significativo que, a partir de este momento, el texto evangélico ya no siga transmitiendo de ninguna manera las palabras de este padre. El auténtico estado de desesperación coincide con la pérdida de capacidad de hablar, con la pérdida de todo razonamiento, incluso con la imposibilidad de ponerse a rezar. A este padre ya ni siquiera le quedan más oraciones.

Es un asunto importante el tema de la palabra.

La incapacidad para comunicarse, como decíamos, agrava la sensación de soledad. Y

---

[13] Mc 5:35.

la auténtica soledad no es la mera ausencia de personas, sino la imposibilidad de sentirse comprendido por los demás. La incomprensión es la forma más intensa de soledad que el hombre puede vivir. Por eso el nivel más agudo de sufrimiento no es el llanto, que sigue siendo una palabra, que sigue siendo un grito. El dolor más agudo es aquel que ya no tiene lágrimas, ni grito alguno, ni sonido alguno, ni posibilidad alguna de comunicarse y hacerse entender. En la novela de McCarthy, el padre le pide varias veces al niño que hable. Solo si se ponen de nuevo a hablar, dejarán de ser dos soledades andantes, y serán un *nosotros*. Serán «cada cual el mundo entero del otro»[14].

Vivimos en una época en la que estamos conectados sin cesar, de manera constante, pero casi parece que la conexión haya reemplazado a la comunicación entre las personas. Conexión y comunicación no son lo mismo. Puedes vivir al lado de alguien y sentirte profundamente solo. Puedes estar conectado con el mundo y sentirte por completo incomprendido. Es una reflexión importante la que debemos plantearnos

---

[14] *La carretera*, 11.

con respecto a la palabra. Educar otra vez para saber comunicarse significa asentar las bases para hacerse comprender por los demás. En consecuencia, nos hallamos en disposición de redescubrir que la palabra que nos lleva a sentirnos de nuevo comprendidos no es necesariamente la palabra de racionalidad. ¿No es quizá el arte, por ejemplo, otro alfabeto mediante el cual cada uno de nosotros se siente comprendido de una manera más profunda? Durante demasiado tiempo hemos cultivado una idea del arte bajo un prisma consolador: concebir la obra de arte como algo que nos impide afrontar lo inopinado de la realidad. En la práctica, nos resulta insoportable la desorientación cuando nos damos cuenta de que la realidad es más grande que nuestros esquemas; y nos refugiamos en el arte para no sentir la angustia de esta desorientación.

Resulta aún peor pensar que el arte no sea más que una muestra de síntomas del artista, la mera transposición en alfabeto artístico del mundo interior de su creador. Por el contrario, el arte es lo que nos permite aproximarnos lo más posible a la realidad sin que esta nos destruya, y al mismo tiempo sin eludir su confrontación.

Sin embargo, el arte sigue exigiendo interioridad. Quien no cultiva ninguna profundidad está privado de la palabra del arte. Entonces, el arte se limita únicamente a ser un frío objeto sin identificar que no ayuda a decir lo indecible, sino que se ciñe a poblar el universo de objetos de los que el mundo está hecho y de los cuales se alimenta la sociedad de consumo. También el arte puede convertirse en negocio y seguir siendo inútil para la vida humana. En todo caso, el arte es comunicación, es relación. El arte de verdad es experiencia de Sentido.

Por eso, el modo como Jesús procede con Jairo, antes de obrarse el milagro, es, justo y por encima de todo, la demanda de una vivencia interior. Jesús no le pide a este padre oraciones; le pide confianza para emprender un camino, para atreverse a vivir algo que lo remueva desde dentro:

> Jesús, tras oír sin prestar atención lo que estaban charlando, le dice al jefe de la sinagoga: «¡No temas; únicamente, ten fe!». Y no permitió que nadie lo acompañara, aparte de Pedro, Santiago y Juan, el hermano de Santiago[15].

---

[15] Mc 5:36-37.

En este tramo del camino es donde aparece la auténtica vivencia de desesperación que busca la redención. ¿Qué estaría pensando Jairo durante ese trayecto? ¿Qué razonamientos irían acompañando a esas personas durante aquel recorrido que los trasladaba desde la evidencia de una noticia que hablaba de muerte hasta la casa donde habría de acontecer un milagro?

Hay algo precioso que nos sugiere este pasaje: la fe no consiste en un razonamiento que se contraponga a la desesperación, sino una vivencia que se contrapone a la desesperación. Es la experiencia de atreverse a emprender un viaje cuando todo parece por completo perdido.

Esto es lo que hace el protagonista de la novela de McCarthy. ¿Por qué ese padre continúa el viaje con su hijo, si ya no queda ninguna esperanza? En el meollo de la trama, en un momento determinado, los dos personajes se hallan como náufragos en una playa, cuando ya está oscuro y no saben qué camino tomar para reencontrar sus escasas pertenencias. La descripción que hace McCarthy de su obstinación desvela, asimismo, la ausencia de cualquier razonamiento de fondo. Los dos prosiguen gracias a una fe obstinada.

Contraponen a la oscuridad la sensación que viven con sus tanteos y esfuerzos.

La oscuridad los atrapó. Cuando alcanzaron el sendero del promontorio, estaba demasiado oscuro como para ver nada. Permanecieron bajo el viento que soplaba desde el mar, la hierba ululaba a su alrededor, y el chico se le agarró de la mano. Tenemos que seguir adelante ya mismo, dijo el hombre. Vamos.

No puedo ver.

Lo sé. Vayamos paso a paso.

Vale.

No te sueltes.

Vale.

Da igual lo que ocurra.

Da igual lo que ocurra.

Prosiguieron en perfecta oscuridad, sin ver nada, como ciegos. Extendió una mano delante de sí, a pesar de que no había nada contra lo que chocarse en medio de aquel brezo salado. El oleaje sonaba más distante, pero él se orientaba también gracias al viento y, después de avanzar tambaleándose durante casi una hora, salieron de entre la hierba y tallos de avena marina y volvieron a pisar arena seca en la parte superior de la playa. El viento era más frío. Había colocado al chico junto a sí, a socaire, cuando, de repente, la playa se les apareció estremeciéndose en la oscuridad y volvió a desaparecer.

¿Qué ha sido eso, papá?

Tranquilo. Es un relámpago. Vamos.

Se echó al hombro la lona con sus enseres, cogió al niño de la mano, y siguieron adelante, pisoteando la arena como caballos en un desfile para no tropezare con algún madero o resto de naufragio que hubiera dejado la marea. La extraña luz gris volvió a estallar sobre la playa. A lo lejos, un tenue rumor de truenos susurraba en la penumbra. Creo que he visto nuestras huellas, dijo[16].

Es el paso a través de nuestro infierno, el paso a través de ese desierto del que hablábamos antes.

El mundo moderno siempre tiene miedo de esta experiencia de desilusión. Y precisamente

---

[16] *La carretera*, 173.

por este motivo busca sin parar distracciones que puedan adormecer los síntomas de la desesperación y de la infelicidad. Pero, así como un enfermo de cáncer que toma analgésicos y alivia la experiencia del dolor no se cura gracias a esos medicamentos, de igual modo el hombre contemporáneo —que procura percibir lo menos posible el mordisco de la desesperación— no necesariamente ha encontrado aquello que lo salve.

Quedar sanado no solo es dejar de percibir el dolor, sino que significa haber extirpado el mal desde su raíz más profunda. La verdadera pregunta es: ¿hay algo que pueda solucionar de raíz nuestra desesperación, nuestra infelicidad? Cormac McCarthy parece haber ideado una manera de contar la lucha del hombre contra su propia desesperación. Él da voz al corazón del hombre.

Todos nosotros somos como el padre desesperado de su novela. Podemos encontrar ayuda solo y únicamente en algo misterioso, que actúe no fuera de nosotros, no más allá de las nubes, no dentro de un sistema mental capaz de responder a todas nuestras preguntas, sino a través de un significado que, de modo misterioso, se mueve desde el interior de la realidad misma. Para el protagonista del relato, este significado coincide con la respiración de su propio hijo. Ese chico es la auténtica personificación de lo que aparta la vida de la muerte, de la destrucción total, de la rendición total.

> Sostuvo al niño a su lado. Tan flaco. Mi corazón, dijo. Mi corazón. Pero él sabía que, aunque fuese un buen padre, lo que ella había dicho podía seguir siendo cierto. Que el muchacho era todo lo que había entre él y la muerte[17].

Por tanto, se trata de comprender de qué manera podemos releer también nuestra vida a partir de este planteamiento revolucionario que señala McCarthy.

Dios existe, es decir, hay algo que puede salvarme la vida, pero no he de buscarlo fuera sino dentro de la realidad. El cristianismo ha captado desde sus inicios este planteamiento revolucionario, aunque luego quizá se haya olvidado. Es el gran tema de la encarnación. El deseo de comprender que lo total encuentra su realización al tomar en serio lo fragmentario.

---

[17] *La carretera*, 27.

Mediante la experiencia de lo particular experimentamos lo universal. La objetividad se esconde en la subjetividad, es decir, en ese detalle, ese aspecto único de la vida que se presenta ante nosotros exacta y perfectamente tal como es. Es ya antiguo aquel dicho de «Dios está en los detalles». Y no estamos hablando de mera estética, sino de salvación. Pero ¿qué significa cuidar de lo fragmentario? ¿Qué significa observar con bendición un pequeño detalle?

2.
UN HIJO NOS HA SIDO DADO

Si EL CIELO ESTÁ VACÍO, ¿dónde podemos encontrar la redención y la salvación? Esta es la corazonada que pergeña McCarthy: lo que durante tanto tiempo hemos buscado fuera de nosotros mismos, fuera de la realidad, ahora podemos encontrarlo dentro de la realidad, dentro de la historia, aunque solo lo sepamos entreviéndolo. Este concepto, en apariencia tan revolucionario, lo cierto es que vuelve a plantear en términos existenciales la fórmula de la encarnación cristiana. De hecho, lo propio de la vivencia cristiana es encontrar a un Dios infinito en lo finito de la historia. Lo total que se vierte en lo fragmentario. Lo eterno que entra en el tiempo.

Que entra en el hombre Jesús, como dice el evangelista Juan: «Y el *Logos* se hizo carne, y habitó entre nosotros»[1]. Esta cercanía es el elemento más escandaloso de su presencia. Mientras Dios sea el Altísimo, lo lejanísimo, lo inalcanzable, podremos seguir percibiéndole como Dios. Pero cuando Él rompe esa lejanía, se vuelve accesible, se hace visible, y entonces su presencia produce escándalo. Es un bofetón a mano abierta. Pero basta con leer la novela de McCarthy para caer en la cuenta de que la lógica de la encarnación es en realidad una lógica de redención.

En mitad de la decepción general de la vida, cuando ningún sistema ideológico, moral, político, filosófico o incluso religioso, ha logrado sernos de ayuda, justo la presencia de un frágil chiquillo confiado a las manos de un padre se convierte en la razón por la que la oscuridad no tiene definitivamente la última palabra. Sin embargo, la oscuridad es de verdad oscura y deja huellas dolorosas incluso en el inconsciente de este padre.

En el sueño del que acababa de despertarse, había vagado por una cueva donde el chaval lo llevaba de la mano. La luz del padre y del hijo

---

[1] Jn 1:14.

jugueteaba entre las húmedas paredes de roca caliza. Como peregrinos de una fábula engullidos y perdidos entre las entrañas de alguna bestia granítica. Profundas chimeneas de piedra donde el agua goteaba y canturreaba. Tañendo sin cesar en el silencio los minutos de la tierra y sus propias horas y sus días y los años. Hasta que se hallaron en una gran sala de piedra donde yacía un negro y antiguo lago. Y en la orilla opuesta, una criatura que levantaba su chorreante boca en el borde del estanque de piedra y se asomaba fijamente a la luz con ojos blancos y carentes vista como los huevos de las arañas. Giraba la cabeza sobre el agua como si quisiera captar el aroma de lo que no podía ver. Acurrucado allí, pálido, desnudo y translúcido, sus huesos de alabastro se proyectaban en la sombra de las rocas que tenía detrás. Sus entrañas, su corazón palpitante. El cerebro que latía dentro una campana de cristal empañada. Giraba la cabeza de un lado a otro, y luego emitió un gemido grave, se dio la vuelta, se alejó dando bandazos y se internó en la oscuridad sin hacer ruido[2].

¿Qué es este monstruo, sino la personificación de la angustia de la muerte? Lo contrario de la

---

[2] *La carretera*, 9.

redención es la victoria de la muerte sobre la vida. La salvación es la victoria de la vida sobre la muerte.

Sin embargo, el problema fundamental no se juega al final de esta vida, sino en el corazón de nuestra existencia. Porque solo y únicamente si la vida vence en ese momento a la muerte, entonces es posible seguir viviendo. Pero si la muerte vence a la vida, entonces es imposible seguir viviendo, seguir percibiendo la vida como algo humano, seguir viéndola en su belleza y no en su monstruosidad. Allí donde la muerte predomina sobre la vida, la mirada que provoca es de miedo, de peligro, de vacío. Muchas personas no se dan cuenta de que llevan dentro de sí mismas la victoria de la muerte sobre la vida y, justo por eso mismo, su mirada sobre el mundo, sobre sí mismas y sobre los demás es siempre una mirada oscura, defensiva, ávida.

El verdadero error consiste en haber construido un más allá que se contraponga a un más acá. Esta contraposición genera un gran malentendido: lo mejor de nuestras vidas no habitaría en el presente, sino en un futuro probable. Asimismo, el auténtico drama contemporáneo es un drama de alienación: nos afanamos por estar en el presente, por habitar de manera agradable el aquí y el ahora. Demasiado a menudo estamos atrapados en la red de nuestro pasado luchando con cosas sin resolver y que siguen condicionándonos la vida. En respuesta, nos proyectamos en el futuro, imaginando y esperando un mundo y una vida libres de todo lo que ahora nos supone un escollo. Pero la luz de ese futuro nos arranca del presente, nos impide situarnos en este momento. La verdadera educación es la educación para el presente, para la realidad tal como es. No solo estamos llamados a plantearnos la vida, sino, antes que nada, a saborear la vida.

Mediante este tipo de perspectiva, incluso la religión puede convertirse en una forma de evasión, una manera de no estar en la realidad. La metafísica que ha fracasado es la metafísica que ha pretendido disertar sobre mundos y tiempos muy alejados del presente. No hay que deshacerse de la metafísica, no hay que anular el más allá; lo que hay que hacer es volver a colocar en el mismísimo tuétano de la realidad el mismísimo meollo de toda metafísica. Los cielos se ocultan en las profundidades de la tierra, y casi podríamos decir que son sus cimientos. La época de una religión de consuelo ha acabado, y en su lugar ha nacido la percepción de una religión que se hace responsable del presente, de la realidad.

Por ejemplo, si desbrozáramos los cuentos de Navidad de luces y consumismo, nos daríamos cuenta de que el misterio de la Navidad es el misterio de aprender a tener en brazos el Infinito. Porque ese niño no es solo el superviviente de un parto sobrevenido en mitad de una noche en la que nadie abre su casa para hacer un hueco a una familia en apuros. Ese niño no es, sin más, alguien que se ha salvado de lo peor, sino que es la razón misma de la vida, de cualquier vida antes y después de Él. El asombro ante algo así implica que quienes advierten la diferencia no puedan quedarse quietos. Tanto los pastores como los Magos se postran ante Él. Ese gesto conlleva un evidente significado teológico de reconocimiento de la divinidad en aquel niño, pero supone también un gesto elocuente cargado de simbolismo humano: no se puede permanecer con los pies parados ante algo tan grande. Las piernas ceden bajo el peso del asombro.

Sin embargo, a partir de ese momento, la fe en Dios es inseparable del cuidado de ese niño. Amar a Dios significa amar a este niño. Tomarse el cielo en serio significa tomarse en serio a este cachorrito humano con un rostro, un nombre, un color del pelo, una sonrisa, un llanto, un carácter, una voz, una respiración. Acostumbrarse a cuidar de los detalles nos entrena para tomarnos en serio el Todo. El motivo que dirige la vida es algo confiado a nuestras manos.

«Vida», «muerte», «redención», «resurrección», son todas palabras que tienen que volver a provocar que lo presente resulte algo decisivo. En efecto, o la muerte ya está derrotada, o bien la entera vida va a quedar marcada por la muerte. Cuando, por el contrario, el ser humano lleva en su corazón la victoria de la vida sobre la muerte, entonces su mirada también cambia, al igual que cambia su percepción del mundo que lo rodea, y su percepción de las personas con las que se cruza. En este sentido, McCarthy nos deja clavada una pregunta acuciante: dentro de nosotros, ¿quién está ganando? ¿Está ganando la muerte o está ganando la vida?

Lo que muy a menudo solemos convertir en patología no es otra cosa que el conflicto decisivo en la vida de las personas. El problema no está, sin más, en pertenecer a un credo, o compartir un aparato ideológico o doctrinal. La verdadera cuestión es si la vida triunfa sobre la muerte o si, por el contrario, la muerte triunfa sobre la vida.

Toda la predicación de Jesús, por ejemplo, no es otra cosa que un intento por hacer que, en este momento, en el presente, la vida triunfe sobre la muerte. Cada milagro no tiene por objeto la mera resolución de un problema, pues sería ingenuo pensar que la simple curación de un brazo, o la desaparición de una enfermedad, son por sí mismas la solución al tema fundamental de lo humano.

Cada uno de los hombres y mujeres a quienes Jesús ha curado seguía, en todo caso, teniendo que enfrentarse a la cuestión de la muerte. Incluso aquellos a los que Jesús había resucitado: pensemos en Lázaro, en la hija de Jairo, en el hijo de la viuda de Naim[3]; cada una de estas personas —a pesar de haber quedado apartada

---

[3] Cfr. Jn 11:1-44; Mc 5:21-43; Lc 7,11-17.

de la muerte en un primer momento— en realidad habría de volverse a enfrentar con la experiencia de morir.

Reducir el milagro a la simple solución de un problema contingente implica no comprender su verdadero alcance, que no es en absoluto el gusto por lo extraordinario, sino más bien el signo de una palabra que busca dar nuevo comienzo a la vida allí donde esta parece haber encallado. Cada una de estas personas, a partir de su encuentro con ese milagro, ha podido proseguir con su vida, dejando que la vida triunfe siempre sobre la muerte. Me atrevería a decir que únicamente fueron capaces de aceptar la muerte porque en ellos era indeleble la convicción de que ninguna muerte podía de verdad tener la última palabra sobre la vida. Por eso, la transposición histórica de la vida eterna viene dada por las palabras «sobreabundancia», «plenitud». Experimentamos la vida eterna precisamente cuando percibimos que la vida es abundante, plena. La muerte, en cambio, vacía, interrumpe la existencia, nos encajona en un presente que ya no tiene ningún destino. Pero del mismo modo que estas personas pudieron tener la experiencia revolucionaria de redescubrir la plenitud de su propia vida a través del encuentro con el hombre Jesús, cada hombre y cada mujer ha de buscar esta acción salvífica siempre dentro del detalle concreto de nuestra vivencia cotidiana. Cormac McCarthy pone en labios del protagonista de su novela una palabra reveladora:

> Únicamente sabía que el niño era su garantía. Dijo: Si él no es la palabra de Dios, Dios no ha hablado nunca[4].

> Protegió con su cuerpo al chico, que estaba tiritando, y se puso a contar en la oscuridad cada una de sus enclenques respiraciones[5].

> El niño no estaba rebulléndose. Él se sentó a su lado y le acarició el cabello, pálido y enmarañado. Cáliz de oro, idóneo para albergar a un dios. Por favor, no me digas cómo acaba el cuento. Cuando volvió de nuevo la vista hacia la oscuridad al otro lado del puente, estaba nevando[6].

> Se despertó tiritando con violencia entre la hojarasca en medio de la oscuridad del bosque. Se incorporó y buscó a tientas al chico. Apoyó

---

[4] *La carretera*, 10.
[5] *La carretera*, 17.
[6] *La carretera*, 60.

la mano en sus magras costillas. Calor y movi-
miento. Latidos de corazón[7].

Había veces, cuando se sentaba a observar cómo
dormía el niño, que se sumía en un sollozo in-
controlable, pero no debido a la idea de la muerte. No sabía muy bien de qué se trataba, pero
pensaba que tenía algo que ver con la belleza o
la bondad. Cosas en las que ya no podía pensar
de ninguna de las maneras[8].

Sin embargo, hay una diferencia fundamental cuando existe en nosotros la primacía de la
muerte y cuando existe en nosotros la primacía de la vida. En el padre de la narración de
McCarthy, es evidente el corazón henchido
de muerte. El niño le impide rendirse, pero resulta palpable cómo la muerte que habita en
su interior condiciona sus decisiones. Por el
contrario, es evidente cómo en el niño hay un
total triunfo de la vida, aunque su proximidad
al padre le siga obligando a mirar cara a cara
a la muerte, al mal, a la existencia de gente
malvada. Dos maneras diferentes de habitar el

[7] *La carretera*, 89.
[8] *La carretera*, 99.

mundo. Una escena en particular que aparece en la novela recalca esta diferencia.

> Caminaban por entre las calles envueltos en mantas mugrientas. El hombre llevaba la pistola sujetándola a la cintura y al niño de la mano. En el otro extremo de la ciudad se toparon con una casa aislada en mitad de un campo; cruzaron, entraron y pasaron de una habitación a otra. Se encontraron consigo mismos reflejados en un espejo y él casi apuntó con la pistola. Papá, somos nosotros, susurró el niño. Somos nosotros[9].

Esta breve descripción nos revela, desde su mero comienzo, el primer efecto colateral que se ocasiona cuando la muerte vence a la vida: tener una mirada defensiva ante cualquier cosa, incluso ante el reflejo de uno mismo. Así como en la *Eneida* la imagen de Eneas —que lleva a hombros a su padre Anquises, y de la mano a su hijo Ascanio— transmite el concepto que recorre toda la trama, aquí la misma escena ya no muestra a un anciano llevado a hombros, sino una pistola sujeta a la cintura y a un niño cogido de la mano. El único anciano que aparece a lo largo de las páginas

---

[9] *La carretera*, 100.

de *La carretera* —ya lo hemos comentado— es la personificación del cinismo y la resignación. También en este caso, no fluye ningún vínculo de compasión entre los dos adultos, sino que nadie menos el niño se preocupa de no dejar a aquel hombre solo y sin comida. La preocupación del padre no se dirige al dolor ajeno, sino que se ciñe a no malgastar provisiones.

No debería impresionarnos tanta deshumanización. Si el otro es un enemigo del que hay que defenderse, eso acaba significando que todo gesto de amabilidad se interpreta como un gesto de debilidad. Y, en tales circunstancias, la debilidad puede resultar fatal. «*Homo homini lupus*», había escrito Plauto. Pero si, como plantea McCarthy, el asunto se lleva al extremo y hasta sus peores consecuencias, ¿qué le ocurre a la sociedad? Se convierte en un campo de batalla donde los más fuertes devoran —y no en sentido figurado— a los más débiles.

Cuando la muerte triunfa en el corazón del hombre, entonces la vida se convierte en mera lucha por la supervivencia. La humanidad cae bajo la irracional lógica del dominio y el avasallamiento. Al otro se le mantiene con vida, nada más que para mantener mi propia vida.

De pronto, el relato nos describe un descenso aterrador. Padre e hijo han llegado a una casa y, como suele ocurrir, tras asegurarse de que están solos, registran el lugar en busca de cualquier cosa que les pueda ser útil; en primer lugar, como alimento, pero también para el propio viaje. Esta casa muestra claros signos de estar habitada, pero en ese momento no hay nadie. Los dos descubren la puerta de una trampilla, y lo que piensa el padre es muy sencillo: si está cerrada, significa que dentro hay algo, tal vez comida.

En el suelo de aquella habitación había una puerta, o más bien una trampilla, cerrada con un gran candado hecho a base de placas de acero entreveradas. Se quedó parado mirándolo.

Papá, dijo el niño. Papá, deberíamos irnos.

Hay un motivo para que esté cerrado con llave.

El niño le tiró de la mano. Estaba a punto de echarse a llorar. ¿Papá?, dijo.

Tenemos que comer.

No tengo hambre, papá. De verdad[10].

---

[10] *La carretera*, 84.

Un sexto sentido hilvanaba las palabras del niño. Y es justo de este modo como McCarthy pone en escena dos fuerzas en apariencia opuestas, pero que se necesitan la una a la otra: por una parte, el instinto de supervivencia del padre («Tenemos que comer»); por otra, el miedo del niño, que es el miedo a aquello que este instinto paternal puede arrancar, no solo de la realidad, sino del corazón mismo del hombre. Si gana el instinto, se pierde la humanidad. Si gana el miedo, se pierde la vida. Instinto y miedo, por tanto, se cogen de la mano y tiran ahora de un lado, ahora del otro. El instinto y el miedo son padre e hijo.

Sin embargo, a ninguno de los dos les cabe imaginarse lo que se esconde en el fondo de esa trampilla. Hay comida, pero es la comida de la nueva sociedad fundada sobre el *homo homini lupus*.

Comenzó a descender los toscos escalones de madera. Agachó la cabeza, encendió el mechero y meció la llama hacia la oscuridad como si fuese una ofrenda. Frialdad y humedad. Un hedor abyecto. El niño se aferró a su abrigo. Podía ver parte de un muro de piedra. Un suelo de barro. Un viejo colchón con manchas oscuras. Se encogió, bajó otro escalón más e iluminó a uno y otro lado. Acurrucadas contra la pared del fondo había personas desnudas, hombres y mujeres, todos intentando esconderse, tapándose la cara con las manos. Tumbado en el colchón había un hombre con las piernas amputadas hasta las caderas y los muñones ennegrecidos y quemados. El olor era horrendo.

Jesús, susurró.

Entonces, uno a uno, empezaron a girarse y parpadear ante aquella penosa luz. Ayudadnos, murmuraron. Por favor, ayudadnos.

Cristo, dijo. Oh, Cristo.

Se volvió y agarró al chico. Aprisa, dijo. Aprisa.

Se le había caído el mechero. No había tiempo para buscarlo. Empujó al chico escaleras arriba. Ayudadnos, chillaban.

Aprisa.

Un rostro barbudo apareció parpadeando al pie de la escalera. Por favor, gritó. Por favor.

Aprisa. Aprisa, por el amor de Dios.

De un empujón, sacó al niño a través de la trampilla, haciéndole rodar por el suelo. Se levantó, cogió la portezuela, y la cerró dejándola caer de golpe, y se volvió para agarrar al chico, pero el chico ya se había levantado y estaba bailando su pequeña danza del terror. Por el amor de Dios, vamos, le siseó. Pero el niño estaba señalando con el dedo hacia la ventana y él, en cuanto se asomó, se quedó helado. Acercándose a la casa a través del campo, había cuatro hombres barbudos y dos mujeres. Agarró al chico de la mano. Cristo, dijo. Corre. Corre[11].

El descubrimiento de aquel sótano de los horrores fue nada menos que el descubrimiento del suministro de alimentos de unos hombres que habían comenzado a entregarse al canibalismo para mantenerse vivos. McCarthy, precisamente mediante el horror de la antropofagia, establece la nítida línea divisoria entre lo que es humano y lo que ha dejado de serlo. No obstante, lo que más impacta es el grito de socorro de este manojo de desesperados, que no reciben ninguna compasión ni escucha por parte del padre. La lógica de la supervivencia le estaba sugiriendo una idea muy clara: si esos desgraciados estaban ahí encerrados bajo llave, alguien

---

[11] *La carretera*, 85-86.

iba a volver pronto a aquella casa. Lo único que cabía hacer era escapar. De hecho, iban a salvar la vida muy por los pelos. Pero por aquel entonces, el encuentro con el horror del canibalismo ya se había producido. Al niño ya no se lo puede mantener a oscuras. Ante esta precisa constatación, hay un diálogo entre ambos que remarca la linde que los separa del horror de llegar a ser así.

El niño se recostó apoyando la cabeza en el regazo del hombre. Al cabo de un rato dijo: Van a matar a esa gente, ¿verdad?

Sí.

¿Por qué tienen que hacerlo?

No lo sé.

¿Se los van a comer?

No lo sé.

Se los van a comer, ¿no?

Sí.

Y no hemos podido ayudarles, porque, entonces, los otros nos habrían comido a nosotros también.

Sí.

Y por eso no hemos podido ayudarles.

Sí.

Vale[12].

Es importante para el muchacho quedarse tranquilo sabiendo que la falta de ayuda no ha sido
falta de preocupación, sino que no era posible.
No haber ayudado, cuando sí les era posible,
también los habría convertido en monstruos. De
hecho, su razonamiento y sus palabras son el último intento de poner una barrera al horror.

Nosotros nunca nos comeríamos a nadie, ¿verdad?

No, claro que no.

¿Ni aunque nos estuviésemos muriendo de
hambre?

Ya estamos muertos de hambre.

Dijiste que no era así.

Dije que no nos estábamos muriendo. No dije
que no estuviéramos muertos de hambre.

---

12 *La carretera*, 97.

Pero no nos comeríamos a la gente.

No. No los haríamos.

Da igual lo que ocurra.

No. Da igual lo que ocurra.

Porque nosotros somos la buena gente.

Sí.

Y estamos llevando el fuego.

Y estamos llevando el fuego. Cierto.

Vale[13].

El niño es portador de compasión, de bondad, de preocupación por los demás en su fragilidad. A ojos del padre, la compasión del hijo supone una fragilidad peligrosa. Cuando ya no esté él para protegerlo, ¿qué será de aquel muchacho, si no se halla en disposición de defenderse? Pero, de forma milagrosa, el niño sobrevivirá y, con él, su compasión.

Llegados a este punto, sería interesante pararnos un momento a reflexionar acerca del significado de la compasión. De manera paradójica,

[13] *La carretera*, 98.

el padre tiene razón al considerarla una forma de debilidad. De hecho, la compasión es la incapacidad para resistirse al dolor y a la alegría del otro, y, de modo especial, cuando el otro es portador de invalidez, de necesidad, de carencia. Saber encajar el dolor de los demás es el gran don de la compasión, pero este don es de doble filo. En concreto, en un mundo donde se vence cuando se acelera el paso, la persona compasiva no logra seguir la marcha. Y muy a menudo, ralentiza su vida, y resulta a ojos de los demás alguien que ha perdido un tiempo precioso. Quien muestra compasión siempre sale perdiendo, porque da de lo suyo para compensar lo que falta.

Entre las parábolas más célebres de las que narra Jesús se encuentra la del Buen Samaritano. Volver a leerla nos ayudará a aclarar los elementos fundamentales que caracterizan una compasión así.

Y he aquí que un maestro de la Ley se levantó para ponerlo a prueba, diciendo: «Maestro, ¿haciendo qué heredaré la vida eterna?». Y él le dijo: «¿Qué está escrito en la Ley? ¿Cómo lo entiendes?». Y él contestando le dijo: «Amarás al

Señor tu Dios con todo tu corazón, con toda tu alma, con todas tus fuerzas y con todo tu entendimiento, y a tu prójimo como a ti mismo». Y le dijo: «Has respondido correctamente. ¡Cumple eso y vivirás!».

Pero él, queriendo considerarse a sí mismo como hombre justo, dijo a Jesús: «¿Y quién es mi prójimo?». Y Jesús, tomándole la palabra, dijo: «Bajaba un hombre desde Jerusalén hacia Jericó, y se le echaron encima unos bandidos, los cuales, después de despojarlo y cubrirlo de heridas, se alejaron dejándolo medio muerto. Por casualidad, bajaba por ese mismo camino un sacerdote y, mientras lo veía, pasó de largo. De igual manera, también un levita, que iba por ese lugar y lo vio, pasó de largo. En cambio, un samaritano que iba de viaje se acercó a él y, en cuanto lo vio, se quedó conmovido en las entrañas. Y poniéndose a su lado, le vendó las heridas, aplicando aceite y vino; luego, tras montarlo en su propio mulo, lo condujo a un albergue y se ocupó de él. Al día siguiente, mientras sacaba dos denarios y se los daba al posadero, le dijo: 'Ocúpate de él, y lo que gastes de más, yo, cuando regrese, te lo reembolsaré'. ¿Quién de estos tres te parece que resultó un prójimo de quien había caído en manos de los bandidos?». Y él dijo: «El que puso por obra con él la misericordia». Entonces Jesús le dijo: «¡Anda y obra tú de igual modo!»[14].

La vida a veces es como un grupo de bandidos que te despojan de todo, te hieren y te dejan en el suelo medio muerto. Muchas cosas que nos suceden pueden llegar a ser devastadoras. Pasamos mucho tiempo preguntándonos por qué nos ha pasado esto o aquello, pero es significativo que en la parábola que nos narra Jesús no se encuentre la explicación de por qué los bandidos han podido hacer algo así. El dolor es un hecho, y a veces es un hecho que carece de explicación. La gran diferencia en el sufrimiento no consiste en descubrir el *porqué*, sino en caer en la cuenta de que, en medio de toda esa insensatez, pueden ocurrir cosas inesperadas. Una vez más, Jesús parece querer decir que, frente al *hecho* de ese dolor, hace falta contraponer *otro hecho*, y no una explicación. Es el error de los amigos de Job. Ellos también pretendían ofrecer alivio a su amigo sufriente dándole explicaciones por su sufrimiento. Cualquiera que hable del dolor de los demás, aunque lo que diga sea digno de elogio, en realidad está blasfemando.

---

[14] Lc 10:25-37.

La escena descrita por Jesús contempla el dolor absurdo de un hombre que, por una oscura razón, se encuentra muriendo al borde del camino.

En primer lugar, entran en escena dos personajes significativos: el sacerdote y el levita. Uno es garante de la correcta interpretación de la Ley; el otro es el que custodia el culto. Su familiaridad con las cosas de Dios parece que no les sirve de ayuda a la hora de hacer lo que es debido sin remilgos ni excusas. Ven, pero pasan de largo. Se dan cuenta, pero son incapaces de hacer nada.

Al final aparece en escena un extranjero, un samaritano. Él también va por ese camino, pero a diferencia de los demás se detiene y se siente herido por aquel hombre herido: «en cuanto lo vio, se quedó conmovido en las entrañas», es decir, en lo más hondo, en todo su ser. La auténtica compasión, en definitiva, no es una cuestión de emociones superficiales, como una simple conmoción momentánea. Este hombre no se siente únicamente herido por ese dolor, sino que se percata de que tiene que *hacer algo*. Entonces se baja del caballo o del mulo, se acerca a él e intenta hacer lo que puede. En la novela de McCarthy, cuando al padre y al hijo les hurta sus pertenencias un hombre desesperado, logran recuperarlas, pero el padre inflige al ladrón un castigo terrible:

Si no tiras el cuchillo y te apartas de nuestro carro, dijo el hombre, te voy a volar la sesera. El ladrón miró al chico y lo que vio le reconvino bastante. Dejó el cuchillo encima de las mantas, se echó para atrás y se detuvo.

Atrás. Más.

Dio otro paso atrás.

¿Papá?, dijo el niño.

Tranquilo.

Mantuvo sus ojos fijos en el ladrón. Cabronazo, dijo.

Papá, por favor, no mates a este hombre.

Los ojos del ladrón se salían de sus órbitas. El niño se puso a llorar.

Vamos, hombre. He hecho lo que me has dicho. Haz caso al chico.

Quítate la ropa.

¿Qué?

Que te quites la ropa. Cada jodida pieza de tela.

Venga. No me hagas esto.

Te voy a matar aquí mismo.

No me hagas esto, hombre.

No voy a repetírtelo.

Vale. Vale. Cálmate un poco.

Se fue desnudando poco a poco y amontonó sus míseros harapos en la carretera.

Los zapatos.

Vamos, hombre.

Los zapatos.

El ladrón miró al niño. El chico se había dado la vuelta y se tapaba los oídos con las manos. Vale, dijo. Vale. Se sentó desnudo sobre la carretera y empezó a desatarse los putrefactos trozos de cuero anudados sus pies. Luego se puso de pie, sosteniéndolos en una mano.

Ponlos en el carro.

Dio unos pasos adelante y colocó los zapatos encima de las mantas, y volvió sobre sus pasos. Ahí estaba, demacrado, desnudo, mugriento, famélico. Cubriéndose con las manos. Empezó a tiritar.

Pon la ropa dentro.

Dobló la espalda, recogió los harapos y los amontonó encima de los zapatos. Se quedó ahí, sujetándose con los brazos. No me hagas esto, hombre.

A ti no te importaba hacernos esto mismo.

Te lo estoy rogando.

Papá, dijo el chico.

Venga. Hazle caso al chaval.

Has intentado matarnos.

Estoy muerto de hambre. Tú habrías hecho lo mismo.

Nos cogiste todo.

Venga, hombre. Voy a morir.

Te voy a dejar como tú nos dejaste a nosotros.

Venga. Te lo estoy rogando.

Él tiró del carro, lo giró medio vuelta, puso la pistola encima y miró al niño. Vámonos, dijo.

Y reanudaron camino hacia el sur, mientras el niño lloraba y volvía la vista hacia aquella criatura desnuda y plantada en mitad de la carretera como un tablón, aterido y protegiéndose entre sus propios brazos. Oh papá, sollozó.

Para ya.

No puedo parar.

¿Qué crees que nos habría pasado, si no lo hubiéramos atrapado? Para ya.

Eso intento[15].

Para el chaval resulta imposible poner distancia entre él y el frágil dolor de aquel hombre. Sabía que era un ladrón, pero sus ojos veían lo que para su padre era imposible de ver: el miedo y el hambre de aquel desdichado, es decir, el hombre escondido bajo los harapos del ladrón.

¿Qué es lo que quieres hacer?

Nada más que ayudarlo, papá. Ayudarlo, nada más.

El hombre echó la vista hacia la parte de la carretera que tenían detrás.

---

[15] *La carretera*, 188-190.

Papá, solo tenía hambre. Se va a morir.

Se va a morir de todos modos.

Está muy asustado, papá.

El hombre se agachó y miró al niño. Yo estoy asustado, dijo. ¿Lo entiendes? Estoy asustado.

El chico no respondió. Se sentó ahí mismo, con la cabeza gacha, entre sollozos.

Tú no eres el que tiene que preocuparse de todo.

El niño dijo algo, pero él no pudo entenderlo. ¿Qué?, dijo.

Levantó la mirada, con el rostro mojado y pringoso. Sí lo soy, dijo. Yo soy ese[16].

La compasión supone impregnarse de responsabilidad por el dolor en el mundo. Consiste en hacer todo lo posible para aliviar el dolor, para tomárselo en serio, para acogerlo. Pero la compasión también consiste en la experiencia de que a veces no es suficiente todo cuando podamos hacer. Es la experiencia del samaritano en la parábola que cuenta Jesús: «Y poniéndose

---

[16] *La carretera*, 190-191.

a su lado, le vendó las heridas, aplicando aceite y vino; luego, tras montarlo en su propio mulo, lo condujo a un albergue y se ocupó de él»[17].

La proximidad —la cercanía del prójimo, del *próximo*— no se puede delegar en los demás. Solo funciona a través del rostro concreto de alguien. Tomar conciencia de esto supone una revolución antropológica que desmorona nuestra sociedad desde sus cimientos. Hemos cultivado una idea de colectividad que suplanta la responsabilidad personal. Un sistema sanitario, por ejemplo, es incapaz, en tanto que *sistema*, de estar junto al dolor de un paciente. Solo el médico en persona, o el enfermero, puede expresar su proximidad, porque, precisamente gracias a su singularidad, hace posible la verdadera cercanía hacia el enfermo. En este sentido, nunca podemos quitarnos la responsabilidad de esta diferencia, que solo como personas concretas y singulares somos capaces encarnar. En cambio, hemos desarrollado la idea de un sistema vicario, que, como tal, suple nuestra singularidad reemplazando mediante la mera administración exacta de una cura su humanización. Ningún

---

[17] Lc 10:34.

sistema, ninguna tecnología puede reemplazar la dinámica de un rostro enfrente de otro rostro. Con toda la razón, Martin Buber escribía:

«A pesar de todas las similitudes, cada situación en la vida, al igual que un niño recién nacido, tiene un rostro nuevo que nunca se había visto y que nunca volverá a aparecer. Por lo tanto, requiere que tomes una posición que no puede fijarse de antemano. No requiere nada de lo que ya ha sido. Requiere presencia, responsabilidad, te requiere a ti mismo. Es lo que yo llamo un gran carácter, aquel que, gracias a sus acciones y actitudes, responde a las exigencias de la situación a partir de una profunda disponibilidad, de la responsabilidad de toda su vida».

Sin embargo, el alcance de la cercanía y de los fármacos —que dependen de nuestras posibilidades— llega hasta un cierto límite. De modo que hace falta un albergue, o sea, un lugar donde esa proximidad pueda resultar más específica y más eficaz. En este sentido, si toda compasión nace siempre debido a que un rostro no permanece indiferente ante el dolor que tiene delante, también es cierto que un rostro debe saber que cuenta con una organización (un albergue) que sepa concretar la compasión de una manera más profunda y eficiente. Sin embargo, una sociedad, una organización no es la mera suma de individuos, sino un lugar humano donde el «nosotros» amplía las posibilidades de cada individuo y hace posible un bien que nadie, por su propia cuenta, sería capaz de dar. Es la fuerza de las relaciones, no la simple fuerza de una prestación o servicio. No obstante, si la sociedad no se estructura basándose en la lógica de la compasión —es decir, la lógica de volver a poner en el centro la vida real del otro, su rostro concreto—, ya no es un lugar de humanización, sino que se convierte solo en una proyección de las exigencias del individuo volcado sobre sí mismo. También una sociedad puede ser egoísta. Es la sociedad que descarta a quienes pasan apuros y únicamente se siente segura en su capacidad productiva. Por mucho que una lógica empresarial optimice los recursos, nunca debe perder de vista que su auténtica misión consiste en volver a colocar en el centro a quienes ahora no lo están. No se trata de buenismo, ni de caridad a bajo coste, sino, en esencia, de justicia y, precisamente por este motivo, de humanidad elemental. De lo contrario, dejamos de ser humanos y nos convertimos en lobos.

El chico de la novela de McCarthy es a la vez singularidad y colectividad. En tanto que singularidad, brinda toda su compasión haciendo todo lo posible para no ignorar el dolor con que se encuentra. En tanto que comunidad, incita en el padre la necesidad de no deshumanizarse, de saber volver atrás y buscar a esa persona a la que acaba de dejar desnuda y hambrienta. En pocas palabras, este niño es *diferente* del resto del mundo que los rodea y marca la *diferencia* en un mundo de hombres que devoran a otros hombres.

En este sentido, el niño no es solo lo que separa al padre de la muerte, sino también lo que separa al padre de perder su propia humanidad.

3.
POR QUÉ LLEVAMOS EL FUEGO

En los años setenta, los hermanos Nino y Toni Pagot dieron vida a una serie de dibujos animados titulada *Grisù, el pequeño dragón*. Se trataba de las aventuras de un dragoncito que soñaba con ser bombero de mayor. Era un cuento simpático y amable de alguien que había nacido para prender fuego y que, por el contrario, avivaba sueños pacíficos, echando —literalmente— agua al fuego. Lo que nosotros vamos a hacer ahora es, siendo precisos, lo contrario que Grisù, es decir, vamos a sacar el agua del fuego, porque el tema del fuego es el tema central de la vida.

Se despertó en medio de la noche y aguzó el oído. No lograba recordar dónde estaba. La idea le hizo sonreír. ¿Dónde estamos?, dijo.

¿Qué pasa, papá?

Nada. Estamos bien. Duérmete.

Seguiremos estando bien, ¿no, papá?

Sí. Estaremos bien.

Y no nos va a pasar nada malo.

Así es.

Porque nosotros llevamos el fuego.

Sí. Porque llevamos el fuego[1].

Mientras haya fuego, la vida se encuentra a salvo. Porque el fuego representa la fuerza más íntima que empuja la vida hacia adelante. Es la pasión latente que mantiene viva la vida. Por eso, como decíamos al principio de estas páginas nuestras, el fuego es lo opuesto del infierno. Porque el infierno es la ausencia de fuego, la ausencia de pasión, la ausencia de fuerza vital.

Cuando, por ejemplo, se piensa en el Evangelio sin haberlo leído, uno se lo imagina un poco de este modo: como la historia alentadora de quienes se pasan el tiempo echando agua al

---

[1] *La carretera*, 65.

fuego mientras pronuncian frases almibaradas que solo sirven para empeorar la diabetes de la gente. Pero basta con leer en serio esas páginas para darse cuenta enseguida de que *el hombre de las bienaventuranzas* dice de sí mismo algo paradójico y radicalmente distinto: «He venido a prender fuego a la tierra, ¡y cuánto quisiera que estuviese ya ardiendo!»[2].

¿Por qué es tan apremiante la cuestión del fuego? Al margen de cualquier imagen retórica, representa la pasión vital que mueve la vida y la mantiene viva. La pérdida del fuego es la pérdida de la vida auténtica. Resulta dramático, pero nuestra época tiene un problema con el fuego, tiene un problema con vivir la vida. Tenemos una vida, pero no siempre la vivimos con viveza.

Hay que volver a poner la carne y la sangre en la vivencia humana. Pero la concreción de la vivencia humana carece de fuego cuando solo alude a grandes ideales, o tal vez a una concepción genial de la vida, o una teoría luminosa que la clarifique. Encontrar el fuego no significa encontrar algo que, por ejemplo, explique

---

[2] Lc 12:49.

un dolor intenso que padecemos, que explique su contradicción más íntima, o que diga lo que hay que hacer mañana. El fuego no es *explicación*, y menos aún *planificación*.

Este tipo de expectativa suele decepcionarnos, porque casi nunca logramos encontrar algo que pueda expresar con plenitud nuestra existencia, lo que hemos vivido y lo que vamos a vivir. Pensamos que nos falta fuego solo porque nos faltan explicaciones. Y así olvidamos que la vida humana, que es algo fáctico, necesita hechos y no meras ideas. El fuego es precisamente un hecho misterioso.

Decíamos antes que, dentro del concepto de la Encarnación, la centralidad se desplaza entera hacia un detalle: Dios ha entrado en la historia, en el espacio y en el tiempo. Traducido, esto significa que se ha convertido en un hecho; el hombre Jesús, en concreto. Para comprender si hemos encontrado o no un fuego en la vida, debemos recurrir a nuestra propia experiencia, a lo que de verdad nos ha sucedido. Uno ha encontrado un fuego, cuando se ha encontrado con algo que ha conseguido que su vida esté por completo viva.

Decir, como dijo Jesús, que uno ha venido a traer fuego significa decir que hay momentos en la vida en los que sentimos que nuestra existencia arde por algo. Sentimos, por ejemplo, que las cosas han dejado de ser las mismas desde que hemos constatado aquella circunstancia específica. Cuando pensamos en ese hecho tan incendiario, no podemos sino pensar de forma concreta en un encuentro con alguien, en una vivencia, en un acontecimiento inolvidable.

Cuando, por ejemplo, una persona se enamora, todo cambia. El aspecto del mundo cambia. Cambia la mirada con la que observa a los demás. Cambia el sueño. La percepción de las cosas, de las relaciones, del día a día, todo cambia. Pero no porque el mundo haya cambiado, no porque haya cambiado el aspecto del cielo, no porque hayan cambiado las personas de alrededor, sino porque ha ocurrido algo que ha cambiado la actitud con que la persona enamorada vive y percibe las cosas.

Eso es el encuentro con el fuego, es el encuentro con algo que te hace ver desde un punto de vista completamente distinto, insólito. El encuentro con el fuego sucede siempre en situaciones concretas, singulares, particulares. Por eso, no deberíamos inquietarnos si acabamos diciendo que, desde el momento en que hemos conocido a esa persona, de alguna manera hemos sentido la vivencia del fuego, porque esa persona ha cambiado nuestra vida, y ahora la sentimos de otra manera. O bien que, desde que hemos vivido la experiencia de ese sufrimiento, ya no somos las mismas personas que antes, porque percibimos la vida de un modo por completo distinto; o que, desde que experimentamos esa alegría, ya nada es igual.

Por tanto, para comprender si hemos encontrado el fuego, debemos volver a estar centrados en la vida misma, y tener cuidado de no pensar que el fuego que hace que la vida siga viva se halla únicamente dentro de las cosas buenas. En realidad, hay fuego en todo cuanto acontece con significado, incluso en lo más terrible que nos sucede, en lo más feo, y también ahí donde nos sentimos más impotentes, débiles, frágiles.

La verdadera pregunta es si después de la quemadura que nos ha dejado ese dolor seguimos siendo las mismas personas de antes o no.

Ciñéndonos a la perspectiva cristiana, cabría decirse que los discípulos de Jesús no lo son porque sean autoridad académica en sus discursos.

Queda claro que no recuerdan de memoria todas sus palabras, ni todas sus reflexiones, pero resulta interesante que lo que ellos intentan recordar es señalar de qué manera les ha cambiado la vida a partir de aquel encuentro. Optar por narrar un milagro en lugar de otro, o insistir en unos episodios en lugar de otros, no solo nos dice algo sobre Jesús, sino también algo acerca del fuego que prendió en quienes le siguieron.

Sucede lo mismo en cada uno de nosotros: hay acontecimientos que marcan los tiempos de nuestra existencia. La primera tarea auténtica que hemos de acometer en nosotros mismos consiste en poder rastrear las señales del fuego, sabiendo muy bien que tiene tres grandes características: quemar, iluminar, calentar. Si las dos últimas resultan experiencias constructivas, vamos a ver más adelante que la primera característica, con su devastación, contiene también una finalidad esencial.

Tener interioridad significa ser capaz de averiguar de qué manera el fuego de la vida, es decir, su fuerza más misteriosa, ha tocado nuestra vida, marcándola de forma indeleble.

Si tomáramos como ejemplo la experiencia de Pedro, el primer discípulo de Jesús, tendríamos que señalar que se trata de un pescador rudo, sin apenas cultura, y no diríamos de él que es, precisamente, un hombre sabio. Cristo va a buscar a este hombre al final de una noche desafortunada: no había pescado nada. Y toca en la vida de este hombre mediante una pregunta molesta: «Chicos, ¿tenéis algo de pescado para comer?»[3]. Preguntar a un pescador, curtido pero frustrado por una noche de fracaso, «¿No tenéis pescado para comer?», supone plantearle una pregunta que quema. Y, sin embargo, a partir de esa pregunta Jesús entra en la historia de aquel hombre, y no solo porque al final de ese pasaje Pedro vuelve a casa con sus compañeros con las redes llenas de peces, sino, sobre todo, porque a partir de esa pregunta candente comienza para él una nueva historia. Una historia que ni siquiera podía imaginarse hasta dónde le llevaría. No obstante, todo comenzó gracias al fuego del fracaso, una experiencia ardorosa que todos querríamos evitar.

En cualquier caso, la experiencia de esta amistad con Jesús concluye de manera dramática. Ese Maestro muere de forma infame,

[3] Jn 21:5.

crucificado por los romanos, y, además, pocas horas antes de esa muerte, Pedro —el hombre al que le había cambiado la vida gracias al encuentro con aquel Maestro desconocido, aquel Maestro que había ido a juntarse con él tras una noche fracasada— reniega de él tres veces. Hay una circunstancia que empeora la situación: no son las autoridades de la época, sino las meras palabras de una sirvienta preguntona lo que desmorona la presunción de aquel hombre, que poco antes se había comprometido a defender a quien le había cambiado la vida. Mateo, un publicano convertido, nos traslada un relato detallado del diálogo:

Pedro estaba sentado fuera, en el patio; y se le acercó una joven sirvienta diciendo: «¡También tú estabas con Jesús el Galileo!». Él lo negó delante de todos diciendo: «No sé de qué me estás hablando». En cuanto salió al portal, lo vio otra y dijo a los que allí estaban: «Este estaba con Jesús el Nazareno». Y de nuevo lo negó jurando: «¡No conozco a ese hombre!». Poco después, acercándose los que ahí se hallaban dijeron a Pedro: «De verdad que tú también eres uno de ellos, porque tu modo de hablar te delata». Entonces se puso a maldecir y a jurar: «¡No conozco a ese hombre!». Y de inmediato cantó un gallo. Y se acordó Pedro de las palabras de Jesús cuando le había comentado: «Antes de que cante el gallo, tres veces habrás renegado de mí». Y saliendo se puso a llorar amargamente[4].

A partir de aquella noche, Pedro ya no volvió a ser la misma persona que antes: el fuego de haber renegado a Cristo lo había dejado marcado de forma indeleble, y el recuerdo de aquel llanto sería crucial, hasta el punto de que quien vaya a narrar este pasaje habrá de ser muy explícito. Pero lo que hay que subrayar es que este episodio de fragilidad nos dice también que el narcisismo de Pedro está herido de muerte, y esta no es una mala noticia, porque saldrá de aquí siendo más humano, más auténtico. Este es un ejemplo típico en el que el ardor del fuego altera los acontecimientos. Pedro ha tenido la experiencia de una vida auténtica, en cuanto la vida le ha mermado en su narcisismo.

¿Quién es Pedro después de esa traición? ¿Quién es Pedro después de ese arrepentimiento? Ya no es la misma persona de antes. Es más frágil, pero también más confiado, más esperanzado.

---

[4] Mt 26:69-75.

Es un santo, y los santos no son los que no se equivocan, sino los que son capaces de ver la grandeza y la obra de Dios, que es precisamente la acción del fuego, incluso por medio de los errores que han cometido.

Por este motivo, en la novela de McCarthy, Dios es, en apariencia, el gran ausente. Se lo menciona casi de pasada, como un grito sofocado de dolor que el protagonista intenta con todas sus fuerzas reprimir en su interior.

Se despertó antes del alba y vio amanecer el día gris. Lento, casi opaco. Se levantó mientras el chico seguía durmiendo, se puso los zapatos, y envuelto en la manta paseó entre los árboles. Descendió por una grieta entre las rocas y allí permaneció acurrucado tosiendo y tosiendo durante mucho tiempo. Luego se arrodilló sobre las cenizas. Alzó el rostro hacia la palidez del día. ¿Estás ahí?, susurró. ¿Te acabaré viendo? ¿Tienes un cuello donde estrangularte? ¿Tienes corazón? Eternamente maldito, ¿tienes alma? Oh Dios, susurró. Oh Dios[5].

Ninguno de nosotros es capaz de comprender hasta qué punto resulta diferente nuestra vida,

---

[5] *La carretera*, 15.

mientras que no la observemos a través del momento en que el fuego toca nuestra historia y la cambia. «He venido a prender fuego...», y nos pasamos la entera existencia defendiéndonos del fuego.

Nos gustaría sentir entusiasmo y pasión por algo, pero nos protegemos del sufrimiento. Nos gustaría amar, pero tenemos miedo de sufrir. Nos gustaría emprender un viaje, pero nos aterroriza la idea de perdernos. Nos gustaría saltar, pero dentro de nosotros hay una voz que dice: «¿y si te haces daño?»; así que nos mantenemos alejados del fuego.

¿Cómo podemos estar plenamente vivos, si nos defendemos de la vida? Ninguno de nosotros puede recibir el fuego mientras no reciba en su plenitud la vida, sin excluir ninguno de sus pedazos, sin descartar ninguno de sus rincones.

Construimos el infierno para intentar mantenernos alejados de cuanto pueda hacernos sufrir. Fabricamos frío a nuestro alrededor por miedo a que el fuego nos queme. Pero es precisamente este miedo lo que nos impide calentarnos e iluminarnos con ese fuego que, siendo realistas, también podría quemarnos.

Creo que, en cierta medida, se trata de la otra cara de la moneda del hedonismo. Un amor desproporcionado en su aspiración al placer nos lleva siempre a interpretar como algo negativo la ausencia de placer, es decir, el dolor. Pero el dolor no es bueno ni malo, es simplemente humano, y hay que humanizarlo.

Cuando volvió a despertarse, pensó que había dejado de llover. Pero eso no era lo que lo había despertado. En su sueño lo habían visitado criaturas de un tipo que nunca había visto antes. No hablaban. Pensó que habían permanecido agazapadas junto a su jergón mientras él dormía y que, al despertarse, se habían escabullido. Se dio la vuelta y miró al niño. Quizá comprendía por primera vez que, para el chico, él mismo era un alienígena. Un ser de un planeta que ya no existía. Cuyas historias resultaban sospechosas. Era incapaz de reconstruir al gusto del chico el mundo que había perdido sin reconstruir también la pérdida, y pensó que tal vez el niño lo supiera mejor que él. Intentó recordar el sueño, pero no podía. Todo lo que quedaba del sueño era su sensación. Pensó que quizá aquellas criaturas habían venido para darle un aviso. ¿Acerca de qué? De que él no podía reavivar en el corazón

111

del niño lo que ahora eran cenizas en el suyo. Incluso ahora una parte de él deseaba no haber encontrado nunca aquel refugio. Parte de él no dejaba de desear que todo hubiese terminado[6].

Desear el final es el cauce inclinado de la rendición. Desear un nuevo comienzo es el cauce inclinado del fuego.

Un pasaje del Evangelio de Lucas nos ayuda a contrastar el deseo de muerte del protagonista de McCarthy con un deseo de vida. En concreto, un deseo de lo que de verdad debería haber en la vida:

> Y sucedió que, al acercarse él a Jericó, un ciego estaba sentado junto al camino mendigando; y en cuanto oyó que a su lado estaba cruzando una muchedumbre, quiso averiguar qué era aquello. Le pusieron al tanto: «Jesús el Nazareno está pasando por enfrente». Y gritó diciendo: «¡Jesús, hijo de David, ten piedad de mí!». Los que iban delante le reprendían para que se callase. Pero él vociferó mucho más: «¡Hijo de David, ten piedad de mí!». Y, deteniéndose, Jesús mandó que lo condujesen ante él. En cuanto se le hubo

---

[6] *La carretera*, 115-116.

acercado, le preguntó: «¿Qué quieres que haga por ti?». Él dijo: «¡Señor, que recobre la vista!». Y Jesús le dijo: «¡Recobra la vista! Tu fe te ha salvado»[7].

¿Qué es nuestra vida sin deseo? Una vida en que estamos mendigando. Una vida en la oscuridad. El deseo es la antesala del fuego. Podríamos decir que es un fuego en fase de exigente demanda. La vida se reaviva mediante los grandes deseos. Hasta que no encontramos un gran deseo que mueva nuestra vida, la vida parece marginal, parece la vida de un ciego que mendiga la atención de quienes pasan a su lado.

Para empezar, todo fuego verdadero debe reavivarse en el lugar adecuado. Y el lugar adecuado son, antes que nada, los grandes deseos que mueven la vida. Al igual como sucede en el pasaje evangélico, muchos se van a oponer a ese gran deseo que nos hace gritar con todo nuestro ser. Pero, para vencer a la muchedumbre que quiere acallar nuestro grito, lo único que hay que hacer es seguir deseando con obstinación.

Todos podrán ponerse en nuestra contra, incluso los que deberían estar de nuestro lado

---

[7] Lc 18:35-42.

quizá se alíen en contra de nuestro deseo. Con demasiada frecuencia, pretendemos acallar los deseos que hay en el corazón de las personas, pensando que así les vamos a evitar sufrimientos. Queremos *normalizar* la vida extirpando todo deseo e inyectando resignación. Muy a menudo, cuando escarbamos en la infelicidad de alguien, encontramos el cadáver de algún deseo asesinado, tal vez asesinado por quien más le decía a ese alguien que le quería. ¡Cuántas veces la familia —que debería ser el lugar que más alentara nuestros deseos— se convierte en el primer muro contra el que se estrellan los deseos! Quizá nuestros familiares, aunque de manera culpable, al menos actúan animados con la buena intención de ayudarnos; pero no así una amplia parte del resto del mundo, que actúa de modo interesado para mantenernos en la infelicidad, porque le conviene. De hecho, solo cuando somos infelices podemos ser manipulables por los demás, por el sistema, por la cultura dominante, por las ideologías, por la dictadura de las cosas. Por el contrario, las personas felices resultan insoportables, porque no son manipulables. Son radicalmente libres, y la raíz de su libertad está —localizada de manera precisa— en el fuego de sus deseos.

El mundo necesita de nuestra infelicidad para seguir funcionando. El fuego es lo que se opone a la infelicidad. Actúa mediante la pasión por algo que tiene el poder de aferrarnos a un significado mayor. La pasión es trabar relación con un Sentido. Es participación afectiva en la vida. Por eso, antes del milagro, Jesús da protagonismo a la oración del ciego. Es el incendio que provoca el ardor de su deseo de felicidad. Puesto que desea con todas sus fuerzas la curación, eso le pone en profunda relación con la acción de Cristo. Su obstinación es también su mayor profesión de fe.

Por el contrario, ¿cuántas veces sucede que estamos dispuestos a canjear nuestra pasión por el tranquilizador sentimiento de ser aceptados por los demás? Demasiadas veces estamos dispuestos a renunciar a nuestros deseos, con tal de sentirnos aceptados por quienes nos rodean. Pero es una ilusión pensar que solo se es feliz, si nos acepta la masa. La felicidad es la conjugación de aquello que nos hace únicos. Y lo que es único, por definición, también es distinto. Lo distinto es lo contrario de la masa. Tener el coraje de ser distinto significa tener la valentía de saber emanciparse de la masa y, en consecuencia, estar dispuesto a emanciparse también —o quizá, sobre todo— de esos vínculos maternos y paternos que, mediante un inconfesado sentido de posesión, nos mantienen como rehenes y nos impiden florecer.

El nacimiento de toda felicidad auténtica brota siempre de una dolorosa traición a aquello que los demás esperan de nosotros. Pero es precisamente aquí donde el amor se convierte de veras en amor. Porque quien ama sabe aceptar el dolor de esta traición, puesto que en su corazón lo que hay es la alegría de aquel a quien ama, y no solo sus propias expectativas. No se puede ser feliz a base de tener felices a los demás. En algún momento, hay que tener el valor de decepcionar porque uno tiene derecho a ser uno mismo, a ser diferente del resto del mundo. El derecho de ser uno mismo.

En resumen, esta es la secuencia del fuego: desear la felicidad; a partir de este deseo, cultivar una pasión. La pasión puede generar conflicto; pero hay que defenderla y alimentarla porque es ahí donde se halla el fuego.

En este sentido, la historia de Francisco de Asís resulta paradigmática. Su padre, Pietro di Bernardone, un apreciado comerciante de telas de Asís, se topa con que su único hijo, Giovanni, conocido como Francisco, está debatiéndose con una idea extraña y al mismo tiempo peligrosa: vivir como un pobre, tomándose en serio el Evangelio, de modo literal, *sine glossa*. Para él, es un trauma enfrentarse a esta decisión de su hijo. La escena de esta ruptura sigue siendo célebre por las formas excesivas que emplea Francisco para hacer evidente su deseo de defender el fuego que ha encontrado. El padre lo había arrastrado ante un tribunal eclesiástico, a resultas de la demanda judicial que había presentado contra él por sustracción de los mejores paños del negocio familiar y venderlos en Foligno (una localidad de la provincia de Perugia). A esto se añadía la mula que había usado para transportar las telas. El propósito de Francisco era reunir el dinero necesario para reconstruir la pequeña iglesia de San Damián. El obispo, presente en su cometido de juez, pidió a Francisco que restituyera el dinero a su padre. Y el joven lo entregó, junto con el producto de la venta, y también toda la ropa que llevaba puesta. Se desnudó delante de todos. El sentido que Francisco daba a su gesto no era el de un simple acto de reparación, ni mucho menos el de una orgullosa y espectacular afirmación de sí mismo. Se trataba del descubrimiento de su propia y auténtica identidad, la cual conllevaba asumir una nueva filiación, la de hijo de Dios Padre. Este era su fuego: identificarse por completo con el Jesús pobre —sin dejar de ser ni por un instante hijo de Dios. Hasta las últimas consecuencias. En la *Vita Seconda*, Tomás de Celano lo narra con estas palabras:

> Por consejo del obispo de la ciudad —un hombre piadoso que no consideraba justo emplear para fines sagrados un dinero mal obtenido—, el hombre de Dios devolvió a su padre la suma que había querido dedicar a la restauración de la iglesia. Y ante muchos que se encontraban ahí reunidos y escuchando, exclamó: «A partir de ahora podré decir libremente: "Padre nuestro, que estás en los cielos", no Padre Pietro di Bernardone, a quien, por tanto, no solo le devuelvo el dinero, sino que también le entrego toda la ropa. Y así, iré desnudo al encuentro del Señor»[8].

---

[8] *Fuentes Franciscanas*, 597.

A los ojos de todos, Francisco puede parecer un loco, pero a las personas que deciden ser felices se las suele considerar, al menos al principio, chaladas. Majaderos, porque defienden su singularidad, defienden que son una obra maestra única e irrepetible que necesita emerger bajo la innegociable condición de que no se apague el fuego que las anima.

La teología llama a esto *profecía*. Los profetas son así, desbaratan la puesta en escena, la perfección de una organización que parece perfecta. Pero es gracias a los profetas como Dios actúa, no gracias a una organización perfecta. Dentro de cada uno de nosotros se halla enterrado un profeta que grita, que quiere gritar contra todo y contra todos. Es la gracia del fuego que arde y nos estimula dentro de nosotros y nos lleva a pedir una sola cosa, igual que el ciego del Evangelio: «¡Señor, que recobre la vista!».

Incluso el padre protagonista de la novela de McCarthy, en su pesimismo cósmico, logra conservar en el fondo de sí mismo un deseo de felicidad. La vida de ese hijo es el aceite de su lámpara, el auténtico combustible de su fuego:

Se estaba quedando adormecido junto a esa asombrosa calidez. La sombra del niño le pasó por encima. Cargado de leña en los brazos. Le observaba avivar el fuego. El fogoso dragón del mismísimo Dios. Las chispas salían disparadas hacia lo alto y morían en la oscuridad sin estrellas. No todas las palabras de un moribundo son ciertas, y esta bendición no es menos real por estar arrancada de su cimiento[9].

Nos pasamos toda la vida preguntándonos cuál es la voluntad de Dios, qué es lo secularmente correcto. El punto de partida, sin embargo, es uno solo: aquello que tú deseas. La primera huella de la voluntad de Dios, de lo que hay que hacer, no se encuentra fuera de nosotros, sino en aquello que de verdad deseamos.

Es bonito pensar que Dios no quiere que seamos una especie de ejecutores de una vida o de un guion que nada tiene que ver con nosotros. Es más, Él siempre da la impresión de que toma como punto de partida nuestros deseos más hondos. No se pone nunca en contra de nuestros deseos más profundos que hay en cada uno de nosotros, porque es Él mismo quien ha

---

[9] *La carretera*, 29.

puesto esos profundos deseos en su corazón. Él es el autor de esos deseos.

En el episodio evangélico del ciego, la pregunta de Jesús parece banal, ingenua. ¿No resulta bastante obvio qué es lo que puede desear un ciego? Es evidente que Jesús ya conoce la respuesta, pero es ese hombre quien debe decir en voz alta lo que desea, porque solo a partir de esta explicación, solo cuando verbaliza lo que lleva en el corazón, solo entonces puede obrarse un milagro. El fuego se convierte en fuego solo cuando te das cuenta de que lo deseas de verdad.

En cuanto se le hubo acercado, le preguntó: «¿Qué quieres que haga por ti?». Él dijo: «¡Señor, que recobre la vista!». Y Jesús le dijo: «¡Recobra la vista! Tu fe te ha salvado»[10].

Mientras no veamos, seguiremos siendo esclavos de la vida. Necesitamos que alguien nos devuelva la vista. Hemos de dejar que alguien prenda la luz, lo cual nos obliga a continuación a vivir de acuerdo con lo que estamos viendo. Porque el mayor pecado consiste en ver y luego no tomar ninguna decisión respecto a lo que

---

[10] Lc 18:40-42.

vemos. Porque sería tanto como tener a nuestra disposición una carretera y no seguirla. Tener la oportunidad de ser feliz y no hacer nada para serlo de veras. Tener un fuego y apagarlo.

Sin embargo, siempre se tiene miedo a tomar decisiones, porque las decisiones de verdad son aquellas que comprometen toda la vida. Tenemos miedo de decir «para siempre», tenemos miedo de decir «para toda la vida». Siempre queremos una salida segura, queremos que alguien nos muestre la prueba incontrovertible de que las cosas son así y solo así. Pero si alguien se presentara como esa garantía incontrovertible, nos arrebataría la libertad. Se sigue siendo libre cuando se mantiene la duda.

¿Quién asegura a este padre de la novela distópica de Cormac McCarthy que su historia tendrá un final feliz? Nadie. Sin embargo, la fe consiste en decidir seguir adelante, incluso a pesar de que haya razones obvias por las que sería mejor detener el trayecto. Siempre es más fácil dar la razón a la evidencia, pero no siempre la evidencia dice la verdad.

El fuego hace posible la libertad, la fundamenta, pero no anula la posibilidad de obrar en sentido opuesto. Haber encontrado una razón

válida que mueve la vida no nos quita la libertad de ignorar esa razón y hacer lo contrario
de lo que apunta. Es la posibilidad del infierno,
lo cual me recuerda que mi libertad no es una
simulación. Y que no necesariamente acabará
bien. Lo cual no es un motivo válido para rendirse, sino para optar siempre por lo que de verdad se quiere hacer.

Por eso, en un cierto momento surge en la
novela de McCarthy la posibilidad opuesta al
fuego, mediante el planteamiento suicida de
la madre.

Somos supervivientes, le dijo, mirándola a través
de la llama de la lámpara.

¿Supervivientes?, dijo ella.

Sí.

Por Dios, pero ¿de qué estás hablando? No somos supervivientes. Somos los muertos vivientes
de una película de terror.

Te lo ruego.

Me da igual. No me importa si lloras. No significa nada para mí.

Por favor.

Basta.

Te lo estoy rogando. Haré lo que sea.

¿Cómo qué? Debería haberlo hecho hace mucho tiempo. Cuando aún había tres balas en la pistola en vez de dos. Fui una estúpida. Lo hemos hablado a fondo. No me he decidido por mi cuenta. Pero ya estoy decidida. A mi pesar. Estoy acabada. Incluso pensaba no decirte nada. Quizá habría sido lo mejor. Tienes dos balas, ¿y luego qué? No puedes protegernos. Dices que morirías por nosotros, pero ¿qué hay de bueno en ello? Me lo llevaría conmigo si no fuese por ti. Sabes que lo haría. Es lo que hay que hacer.

Estás diciendo chaladuras.

No, estoy diciendo la verdad. Tarde o temprano nos cogerán y nos matarán. Me violarán. A él también lo violarán. Nos violarán, nos matarán y se nos comerán, y no quieres afrontarlo. Prefieres esperar a que suceda. Pero yo no puedo. No puedo. Ella se quedó ahí sentada fumando una escuálida ramita de parra reseca como si fuese un extraño cigarro. Lo sostenía con una cierta elegancia, mientras ponía la otra mano sobre sus rodillas dobladas. Ella lo observó a través de la delgada llama. Solíamos hablar acerca de la muerte, dijo ella. Ahora ya no. ¿Y por qué?

No lo sé.

Porque ya está aquí. No queda nada más de qué hablar.

Yo jamás te abandonaría.

Me da igual. No tiene sentido. Puedes pensar que soy una golfa traidora, si lo prefieres. Me he echado un nuevo amante. Él puede darme lo que tú no puedes.

La muerte no es un amante.

Oh, sí que lo es.

Por favor, no me hagas esto.

Lo siento.

No puedo hacerlo yo solo.

Pues no lo hagas. Yo no puedo ayudarte. Dicen que las mujeres sueñan con el peligro que acecha a sus seres queridos y que los hombres sueñan con el peligro que se cierne sobre ellos mismos. Pero yo no sueño nada de nada. ¿Estás diciendo que no puedes? Pues no lo hagas. Y punto. Porque estoy harta de mi propio corazón obsceno, y hace mucho que estoy harta. Tú hablas de mantener una posición, pero no hay posición que mantener. Mi corazón se desgarró la noche en que él nació, así que no me pidas que me aflija ahora. Ninguna lástima. Quizá te salga bien. Lo dudo, pero quién sabe. Lo único que puedo decirte es que no sobrevivirás por tus propios medios. Lo sé, porque yo nunca habría llegado tan lejos. Una persona que no tuviese a nadie haría bien en apañarse un fantasma más o menos un poco decente. Insuflarle aliento vital y embaucarlo diciéndole palabras cariñosas. Ofrecerle migajitas fantasmales y protegerlo de cualquier daño con tu cuerpo. En cuanto a mí, mi única esperanza es alcanzar la nada eterna, y lo espero con todo mi corazón.

Él no respondió.

No tienes argumentos porque no los hay.

¿Le dirás adiós?

No, no.

Al menos espera hasta mañana. Por favor.

He de irme.

Ella ya se había levantado.

Por el amor de Dios, mujer. ¿Y qué voy a decirle?

No puedo ayudarte.

¿Adónde vas a irte? Ni siquiera puedes ver.

No me hace falta.

Él se puso de pie. Te lo suplico, dijo.

No. No va a ser. No puedo[11].

Asumir la responsabilidad de lo que de veras se quiere constituye un acto de desobediencia a la muerte. En apariencia, cabría afirmar que el acto más libre es el de esta mujer, pero ella secunda el curso de los acontecimientos, y se abandona por completo al horror que la rodea y se anticipa a sus movimientos suicidándose. La verdadera libertad es la que se alía con el fuego y va contra la corriente de las circunstancias.

Cuánto coraje se necesita para decir sí a un fuego oculto dentro de un niño, para decir sí a un fuego que se esconde en lo más profundo del corazón y que te exige que tomes una decisión.

No hay que buscar la fe como algo que pueda eliminar las dudas. Hay que buscar la fe como la valentía de tomar una decisión a pesar de las dudas. Eso es fe. Solo quien vive así de algún

---

[11] *La carretera*, 46-48.

modo se da cuenta de que es feliz, aunque los demás no lo comprendan.

Jesús describe la felicidad de esta forma: «El reino de los cielos es semejante a un tesoro que se halla escondido en el campo y que un hombre, al encontrárselo, lo esconde y, movido por su alegría, va y vende todo cuanto tiene y compra ese campo»[12]. A ojos de todos los demás, este hombre es un loco que ha vendido todo para comprar una parcela de terreno inútil. Pero ¿qué pueden saber a ciencia cierta los demás sobre lo que de verdad se esconde en ese campo?

Nos resulta fácil juzgar, cuando no sabemos nada sobre el tesoro escondido; siempre nos va a parecer ilógico e inútil. Sin embargo, no entendemos que los grandes síes de la vida requieren grandes decisiones, grandes radicalidades, incluso cuando los demás no nos apoyen. Y esto solo sucede porque has descubierto un tesoro escondido y estás dispuesto a darlo todo por ese tesoro escondido en el campo.

Las personas felices son aquellas que han encontrado el *tesoro escondido*. No tienen nada,

---

[12] Mt 13:44.

pero tienen un tesoro escondido. No tienen nada, según la lógica del mundo, pero tienen un motivo, un fuego.

Nos va a ir bien, ¿verdad, papá?

Sí. Nos irá bien.

Y no nos va a pasar nada malo.

Eso es.

Porque estamos llevando el fuego.

Sí. Porque estamos llevando el fuego[13].

---

[13] *La carretera*, 65.

4.
FUTURO IMPENSABLE Y REAL

Si de repente todo el mundo que conocemos llegara a su fin, ¿qué sería realmente de nosotros? Esta es la pregunta de la que hemos partido al inicio de estas páginas para intentar deambular a través del apocalipsis que narra Cormac McCarthy. En múltiples ocasiones, la historia de la humanidad ha atravesado momentos dramáticos que podrían describirse solo y únicamente como el final de una era. Grandes pandemias, guerras tremendas, cambios climáticos agudos, revoluciones culturales, industriales y religiosas; cada una de estas crisis surgió de las cenizas de un apocalipsis. Sin embargo, quienes viven esos momentos dramáticos tienen la sensación de que todo ha terminado de verdad y que no hay un mañana. Dicen que la esperanza es lo último que se pierde, y a veces, aunque sea al final, parece que muere de veras. Sin embargo, justo en el momento en que todo carece de esperanza, puede surgir algo inopinado que lo cambie todo para dar paso a un mundo nuevo. Es un futuro impensable, pero real, que intuimos de vez en cuando, como un fulgor deslumbrante de luz al final de la noche.

Los días se iban desgajando uno tras otro, fuera de números y de calendarios. A lo largo de la autopista interestatal, a lo lejos, largas filas de coches carbonizados y oxidados. Las llantas de las ruedas, sin neumáticos y clavadas en un lodo gris y calcificado de caucho derretido, en círculos de alambre negruzcos. Cadáveres incinerados reducidos al tamaño de un niño, recostados en los muelles desnudos de los asientos. Diez mil sueños sepultados dentro de sus calcinados corazones. Siguieron andando. Iban pisando el suelo de ese mundo muerto igual que hámsteres en una rueda. Las noches mortalmente inmóviles y más mortalmente negras. Mucho frío. Apenas hablaban. Él tosía todo el rato y el niño lo veía escupir sangre. Avanzaban desplomándose. Mugrientos, andrajosos, sin esperanza. Él se detenía y se apoyaba en el carrito, y el chico seguía adelante, y luego se paraba y miraba atrás, y él alzaba los ojos vidriosos y lo veía ahí de pie en la carretera volviendo la vista atrás desde algún futuro inimaginable, resplandeciente como un tabernáculo en medio de aquel erial[1].

Entre las percepciones más importantes de la vida de las que somos conscientes está la asimilación de que el mundo no termina con nosotros. Supone reconciliarse con la posibilidad de tener que pasar el testigo a alguien más y sentir en ello una íntima alegría. Es el desgarrador destino de Moisés, quien, después de haber huido de Egipto con las manos ensangrentadas, debe regresar como libertador. Habrá de luchar contra la soberbia del faraón, la incredulidad del pueblo, la primordial tentación de construir ídolos de oro, y la evidente incapacidad de recordar los grandes portentos que Dios ha obrado en beneficio de su pueblo, Israel, al que ha hecho pasar indemne el Mar Rojo. Este superviviente —porque eso es lo que es Moisés— deberá acompañar a ese pueblo durante cuarenta años en el desierto, en el esperanzado intento de llevarlo finalmente a la Tierra Prometida.

---

[1] *La carretera*, 200-201.

Sin embargo, él no podrá cruzar el umbral de esa tierra, se quedará fuera, pues se lo va a impedir una orden explícita de Dios:

> Moisés subió desde las estepas de Moab al monte Nebo, a la cima de Pisga, que está frente a Jericó. Le mostró el Señor todo el país: desde Galaad hasta Dan, el entero territorio de Neftalí, y toda la tierra de Efraim y Manasés, y todo el territorio de Judá hasta el Mar Occidental, el desierto y las vecindades de Jericó, ciudad de palmerales, hasta el Soar. Y dijo el Señor a Moisés: «Esta es la tierra que juré a Abraham, a Isaac y a Jacob, diciendo: 'A vuestra descendencia se la daré'. Te la he mostrado ante tus ojos, pero no entrarás en ella»[2].

Puede parecer un destino muy adverso el esforzarse por algo de lo que no podremos disfrutar. Sin embargo, no hay mayor alegría que imaginarse que esa persona a la que amamos esté destinada a disfrutar de aquello en lo que nosotros nos hemos empeñado y fatigado. El futuro existe y es de nuestros hijos. Vivimos en una época en la que somos poco conscientes de que tenemos la responsabilidad de vivir no solo

---

[2] Dt 34:1-4.

para nosotros mismos, sino por amor a los demás. Esta es la gran enseñanza que nos deja McCarthy mediante su relato. Un hombre poco de fiar hace posible la vida de quien es el «mejor entre los buenos», de quien es de «la mejor gente».

Decía que no quería que nada le cubriese. Yacía mirando al niño frente al fuego. Quería seguir siendo capaz de ver. Mira a tu alrededor, dijo. No hay ningún profeta en la larga crónica de la Tierra que hoy no se encuentre aquí glorificado. Sea como fuese que lo dijerais, teníais razón[3].

He aquí la Tierra Prometida. Se trata de un rostro, no un lugar. El padre contempla el rostro del hijo y, al mismo tiempo, entiende que ya no importa si su camino va a llegar a su fin. Él es como Moisés en el monte Nebo. El verdadero propósito de una vida consiste en hacer posible la vida de otro. No basta con traer a alguien al mundo; también hay que creer en la promesa que esconde dentro. Todo vínculo se vuelve *generativo* cuando quien ama logra depositar su confianza en el otro; se fía del fuego que lleva en su interior. Nadie espera por sí mismo, sino

---

[3] *La carretera*, 203.

que se vuelve esperanzado, cuando la confianza ya no se centra en el propio destino, sino en el destino del otro. En este sentido, el acto más grande del amor consiste en aprender a despedirse. Transformar el propio final en un trampolín que impulsa a quien se ama. El auténtico proceso del duelo no consiste en dejar de sufrir por desapego, sino en emplear ese dolor como motivación para seguir adelante. Este será el caso de Josué, el joven a quien Moisés designa como el que habrá de introducir al pueblo de Israel en la Tierra Prometida:

> Falleció ahí Moisés, servidor doméstico del Señor, en la tierra de Moab por mandamiento del Señor. Y le dio sepultura en un valle en la tierra de Moab, cerca de Beth-Fegor. Y nadie ha sabido dónde se halla su tumba hasta el día de hoy. Tenía Moisés ciento veinte años cuando falleció, pero no se habían obscurecido sus ojos, ni se había debilitado el aliento de su voz. Lloraron los hijos de Israel a Moisés en los páramos de Moab, sobre el Jordán frente a Jericó, durante treinta días, y concluyeron esos días el luto de lágrimas por Moisés.
>
> Josué, hijo de Nun, estaba lleno de espíritu de perspicacia, pues Moisés había impuesto sus

manos sobre él; así que los hijos de Israel le hicieron caso, y obraron conforme a lo que el Señor había ordenado a Moisés[4].

Lo mismo le sucederá al hijo de este padre, según desvela McCarthy en un conmovedor diálogo de despedida final.

El hombre le cogió la mano, jadeando. Tienes que seguir adelante, dijo. Yo no puedo ir contigo. Tú tienes que continuar. Sin saber lo que habrá por el camino. Siempre hemos tenido suerte. Tú vas a seguir teniendo suerte. Lo vas a ver. Ahora vete. Todo va a ir bien.

No puedo.

No pasa nada. Esto tenía que haber llegado hace tiempo. Y ahora es el momento. Sigue adelante hacia el sur. Hazlo todo como lo hemos estado haciendo.

Enseguida vas a ponerte bien, papá. Tienes que ponerte bien.

No, no. Guárdate todo el rato la pistola contigo. Necesitas encontrar a la buena gente, pero no puedes correr riesgos. Ningún riesgo. ¿Has oído?

---

[4] Dt 34:5-9.

Quiero quedarme contigo.

No puedes.

Por favor.

No puedes. Tienes que llevar el fuego.

No sé cómo se hace.

Sí que lo sabes.

¿El fuego es de verdad?

Sí que lo es.

¿Dónde está? No sé dónde está.

Sí que lo sabes. Está dentro de ti. Siempre ha estado ahí. Yo puedo verlo.

Llévame contigo, venga. Por favor.

No puedo.

Por favor, papá.

No puedo. No puedo soportar tener a mi hijo muerto en mis brazos. Pensaba que sería capaz, pero no.

Dijiste que nunca me dejarías.

Lo sé. Lo siento. Tienes todo mi corazón. Desde siempre. Tú eres la mejor gente. Siempre lo has sido. Aunque ya no esté, podrás seguir hablándome. Podrás hablar conmigo y yo charlaré contigo. Ya verás.

¿Te oiré?

Sí. Me oirás. Tienes que hacer como si imaginases que estamos hablando. Y entonces me oirás. Tendrás que practicar. Pero no te rindas. ¿Vale?

Vale.

Vale.

Tengo mucho miedo, papá.

Lo sé. Pero te irá bien. Vas a tener suerte. Lo sé, lo sé. Ahora tengo que dejar de hablar, voy a empezar a toser de nuevo.

Vale, papá. No hace falta que hables. Todo va bien[5].

El encuentro con la muerte es siempre un trance crucial. No nos encontramos con la muerte cuando morimos, sino cuando muere alguien a quien amamos. Ese es el momento en que nos enfrentamos en serio a la muerte. En este sentido, justo cuando esos a quienes amamos abandonan el escenario de este mundo, entonces, y

---

[5] *La carretera*, 204-205.

solo entonces, sentimos la urgente necesidad de otra dimensión, más profunda, que conserve las huellas de ese amor. Dicho así, podría parecer que la no aceptación de la muerte nos impele a creer en otra vida. Pero lo que de verdad sucede es que el encuentro con la muerte muestra con palpable evidencia esta realidad: que nunca damos por perdido lo que amamos. Nos provoca un profundo rechazo. El amor es una tinta más densa que la muerte. En el acto de amar ya hay presente una semilla de eternidad. Lo había comprendido bien el autor del *Cantar de los Cantares*:

> Colócame como un sello sobre tu corazón, como sello sobre tu brazo, porque fuerte como la muerte es el amor, obstinado como el Averno el fervor de los celos. Sus dardos vuelan como aleteantes llamaradas, chispas divinas. Ni copiosas aguas podrán aplacar el amor, ni los ríos lo anegarán. Si un hombre entregara toda su hacienda pretendiendo el amor, sería despreciado recibiendo todo desprecio[6].

En uno de los pasajes de la Resurrección narrado por el evangelista Juan, aparece la historia de una

---

[6] Cant 8:6-7.

mujer, María Magdalena, que más que nadie muestra el rechazo a una muerte que pueda establecer también el fin de un amor. Mientras que todos los demás discípulos se han despedido del cuerpo muerto de Cristo —yaciente dentro del sepulcro y sellado con una piedra enorme—, María Magdalena continúa deambulando por el huerto que hay alrededor del sepulcro. Ella es la primera en darse cuenta de que la piedra colocada en la puerta del sepulcro ha sido removida. La desaparición del cadáver aumenta su dolor y su angustia. La mujer es totalmente incapaz de interpretar esa ausencia de otra manera. Se habrá figurado que se trata de un ultraje añadido al cuerpo muerto del hombre a quien tanto había amado. Y con los ojos llenos de lágrimas se encuentra precisamente con Cristo resucitado, pero lo confunde con el banal hortelano.

En cuanto ella terminó de decir esto, se volvió hacia atrás y contempla a Jesús, que estaba de pie; pero no sabía que era Jesús. Le dice Jesús: «¿Mujer, por qué estás llorando? ¿A quién buscas?». Ella, suponiendo que él es el hortelano, le dice: «Señor, si tú te lo has llevado, dime dónde lo has puesto, y yo cargaré con él». Jesús le dice: «María». Y ella, volviéndose, le dice en hebreo: «¡Rabbuní!», que significa «Maestro». Jesús le dice: «No pretendas ni tocarme, porque aún no he subido al Padre. Pero llégate a mis hermanos y diles: 'Subo a mi Padre y Padre vuestro, a mi Dios y Dios vuestro'». Y se va María Magdalena a anunciar a los discípulos: «¡Acabo de ver al Señor!», y esto que le había dicho[7].

Podría parecer sacrílego que la primera vez que el Resucitado se muestra a alguien sea confundido con cualquiera que está a cargo del huerto. En cambio, lo que Juan quiere decirnos es que la solución al misterio de la muerte no se halla oculta lejos de nosotros, sino que quizá se encuentre delante de nuestros propios ojos, y que somos incapaces de verlo de modo auténtico, de reconocer lo que siempre nos ha estado acompañando y que nunca nos ha abandonado.

Lloró durante un largo rato. Te hablaré todos los días, susurró. Y no voy a olvidarte. Da igual lo que ocurra. Entonces, se levantó, se dio la vuelta y volvió a caminar por la carretera.

En cuanto la mujer lo vio, lo rodeó y estrechó entre sus brazos. Oh, dijo, qué contenta estoy

---

[7] Jn 20:14-18.

de verte. De vez en cuando ella le hablaba de Dios. Él intentaba hablar con Dios, pero lo mejor era hablar con su padre; hablaba con él y no se le olvidaba. La mujer decía que estaba bien así. Decía que el aliento de Dios era también su propio aliento, aunque pase de un hombre a otro hombre a través de los tiempos[8].

Hemos dejado de orar, quizá porque hemos dejado de amar. Quien ama reza, porque la oración consiste en no dejar de hablar con quien amamos. En el fondo, McCarthy tiene razón: «el aliento de Dios siempre es el aliento de Dios, aunque pase de un hombre a otro a través de los tiempos». No es casualidad que sea justamente el evangelista Juan quien responda a la pregunta más misteriosa del universo: ¿quién es Dios? «Dios es amor»[9].

Y decir esto no significa rebajar a Dios a un sentimiento, por muy positivo que sea. Significa elevar el amor a una dignidad superior. El amor no es un sentimiento, es la fuerza misteriosa que sostiene el universo. Lo había entendido bien Dante, después de haber atravesado todo el

---

[8] *La carretera*, 209-210.
[9] 1 Jn 4:8.

infierno, todo el purgatorio, todo el paraíso: es «el amor que mueve el sol y las demás estrellas»[10].

Tenemos una nueva tarea, y al mismo tiempo una tarea que es antigua, una tarea que es de siempre: aprender a amar.

Es el amor lo que custodia el fuego.

Es el amor lo que mantiene vivo el universo.

Es el amor el nombre propio de todo misterio.

Hubo una vez truchas en los arroyos de las montañas. Podías verlas deteniéndose en la corriente de color ámbar, donde los bordes blancos de sus aletas acariciaban suavemente la superficie del agua que fluía. Olían a musgo entre tus manos. Bruñidas, musculosas, retorciéndose. En sus lomos había una urdimbre de tramas con forma de gusano y que eran mapas del mundo en su devenir. Mapas y laberintos. De algo a lo que no se le podía dar la vuelta. Y que no podía corregirse. En las profundas cañadas donde vivían, todo era más antiguo que el hombre, y musitaba misterio[11].

---

[10] *Divina Comedia: Paraíso*, XXXIII, 145.
[11] *La carretera*, 210.

ESTE LIBRO, PUBLICADO POR
EDICIONES RIALP, S.A.,
MANUEL URIBE 13-15, 28033 MADRID,
SE TERMINÓ DE IMPRIMIR EN
ANZOS, S. L., FUENLABRADA (MADRID),
EL DÍA 8 DE ENERO DE 2025.